Carlo M. Martini

Und sie gingen mit ihm

Carlo M. Martini

Und sie gingen mit ihm

Der Weg des Christen nach dem Markusevangelium

Herder
Freiburg · Basel · Wien

Titel der Originalausgabe:
L'itinerario spirituale dei Dodici
nel Vangelo di Marco

Aus dem Italienischen übersetzt von
P. Dr. RADBERT KOHLHAAS OSB

Herstellung: Freiburger Graphische Betriebe 1983
ISBN 3-451-19742-1

Inhalt

Vorwort

Thema dieser geistlichen Übungen ist das Markusevangelium. Wir werden uns deshalb seiner Lektüre zuwenden, jedoch nicht fortlaufend, Kapitel für Kapitel, es auch nicht im eigentlichen Sinne thematisch lesen, das heißt besonderen Themen dieses Evangeliums unsere Aufmerksamkeit schenken, zum Beispiel dem Begriff vom Gottesreich, den Gleichnissen, den Wundern usw. Vielmehr wollen wir das Markusevangelium *katechetisch* lesen, damit es uns hilft, einen Weg zu bewältigen, einen geistlichen Weg, der einem Exerzitienkurs entspricht.

Wie ist diese „katechetische Lektüre" zu verstehen? Wir dürfen wohl davon ausgehen, daß Markus eine Katechese, eine Art Handbuch für Taufbewerber, vorlegen will. Das Markusevangelium ist also ein Evangelium, das für die Mitglieder der urkirchlichen Gemeinde geschrieben wurde, die sich auf den Weg zur Taufe begeben. Matthäus dagegen hat das Evangelium für den Katechisten geschrieben; d.h., es gibt dem, der im Glauben unterweist, eine Sammlung von Regeln, Lehrstücken und Exhorten an die Hand. Das Lukasevangelium ist das

Evangelium für den Dozenten, das Evangelium, das dem anvertraut ist, dem es innerhalb eines weiteren Horizonts um eine heilsgeschichtliche Vertiefung des Mysteriums geht. Johannes schließlich schrieb das Evangelium für den Ältesten, das dem gereiften und zur Beschauung gelangten Christen eine Zusammenschau der einzelnen Heilsgeheimnisse bietet.

Unter diesen vier Handbüchern steht das Markusevangelium als Leitfaden für den Taufbewerber an erster Stelle. Es geht darin um die Etappen des Katechumenats. Gleichsam als Motiv dieses Weges könnte das Wort Jesu an die Seinen gelten: „Euch ist das Geheimnis des Reiches Gottes anvertraut; denen aber, die draußen sind, wird alles in Gleichnissen gesagt."

Tatsächlich zeigt uns das Markusevangelium, wie wir von den Gleichnissen her, das heißt vom äußeren Bild, das das Geheimnis des Reiches bietet, in das Innere und in den Besitz dieses Geheimnisses gelangen können. Es gibt also bei Markus einen fortschreitenden Weg des Katechumenats. Doch ist dies noch nicht das eigentliche Anliegen unserer Betrachtungen.

Noch etwas ist zu berücksichtigen: Auf diesem Weg der Taufvorbereitung, der sich durch das ganze Markusevangelium zieht, spielen die *zwölf Apostel* eine wichtige Rolle. Deshalb möchte ich das Markusevangelium unter diesem besonderen Aspekt des geistlichen Weges der Zwölf betrachten. Im Verlauf dieses Weges kann jeder seinen eigenen inneren Weg überprüfen, erwägen und vielleicht korrigieren.

Mein zweiter Hinweis betrifft die Mitwirkenden bei dieser inneren Einkehr: Es sind drei.

Da ist an erster Stelle der Heilige Geist, der diese geistlichen Übungen leitet. Ihm gegenüber müssen wir uns fragen: Quid vult? Was will der Geist bei diesen Exerzitien von mir? Wohin will er mich führen?

Der zweite Mitwirkende, der unter der Leitung des Geistes steht, ist jeder einzelne, der teilnimmt. Die Frage, die hier zu stellen ist, lautet: Quid volo – Was wünsche ich, was erwarte ich, was nehme ich mir vor? Lassen wir in der Stille nach und nach unsere Bedürfnisse, unsere inneren Anliegen, unsere Nöte zu Wort kommen, die so oft von den Dingen des Alltags zugedeckt werden, auch ganz zum Nachteil für unser Schweigen und Gebet.

Der dritte Mitwirkende bin ich selbst, der ich mich gleichsam nur als Souffleur verstehe. Der Souffleur soll die Arbeit unterstützen und hier und da thematische Stichworte geben, die dem einzelnen die Betrachtung über den Weg der Zwölf im Markusevangelium erleichtern. Als Jesuit möchte ich schließlich noch anmerken, daß der asketische (asketikós von askein = üben) Weg, wie ihn das Markusevangelium zeichnet, mit dem identisch ist, der, anders formuliert, im Buch der „Geistlichen Übungen" des heiligen Ignatius von Loyola erwogen wird.

Diese einführenden Worte möchte ich schließlich mit einem Gedanken ergänzen, den ich in dem Buch Hans Urs von Balthasars „Der antirömische Affekt" (Freiburg i. Br. 1974) entnehme. Der Autor macht sich viel Gedanken über das Phänomen einer für unsere Zeit typischen Opposition gegen Rom in der Kirche.

Was mir beim Durchblättern des Buches vor allem auffiel, war die große Bedeutung, die der Verfasser dem marianischen Prinzip der Kirche beimißt. Die Worte, die ich zitieren möchte und auf die wir später wieder zurückkommen wollen, besagen dies: Die Kirche ist petrinisch (d. h. apostolisch), aber in gleicher Weise auch marianisch.

Hans Urs von Balthasar legt ausführlich dar, wie diese beiden Aspekte, die einander durchdringen, gemeinsam das Antlitz der Kirche ausmachen. Irgendwie ergänzt und vollendet der eine den andern Aspekt auch rein äußerlich, von der menschlichen und affektiven Seite des Alltagslebens her gesehen.

Betrachten wir also den Weg der Zwölf bei Markus, so müssen wir zugleich die Mutter Gottes in unserem Gebet gegenwärtig werden lassen. Sie soll uns helfen, immer tiefer in das Herz der Kirche einzudringen, wie sie uns das Evangelium darstellt, nämlich uneingeschränkt in ihrer Totalität, so daß wir uns Tag für Tag an dieser apostolischen und marianischen Kirche ausrichten können.

Einführung

Der Weg der Zwölf im Markusevangelium

Gibt es im Markusevangelium wirklich einen Weg der Zwölf, und haben die Zwölf darin eine solche Bedeutung, daß wir ihren Weg, auch exegetisch vertretbar, nachgehen können?

Bei der Lektüre des Textes können wir feststellen, daß der Ausdruck „die Zwölf" recht häufig vorkommt. Es gibt insgesamt sieben Stellen, die wir als „Zwölferstellen" bezeichnen können.

Zum ersten Mal begegnet der Ausdruck im 3. Kapitel: „Und er setzte zwölf ein" (3, 14); sodann zwei Verse weiter (3, 16): „Die Zwölf, die er einsetzte". Das zweite Mal findet er sich im anschließenden Kapitel: „Als er mit seinen Begleitern und den Zwölf allein war, fragten sie ihn nach dem Sinn seiner Gleichnisse" (4, 10).

Die dritte Stelle kommt im 6. Kapitel vor: „Er rief die Zwölf zu sich" (6, 7). Hier fällt auf, daß der griechische Text sich desselben Verbs (proskaléitai) bedient wie Mk 3, 13: „Er rief die zu sich, die er erwählt hatte."

In unmittelbarer Verbindung mit dieser Stelle finden wir gegen Ende desselben Kapitels (6, 31) die

Apostel, die sich wieder bei Jesus versammeln: Die Zwölf werden von ihm eingeladen, an einen einsamen Ort zu kommen, wo sie mit ihm allein sein könnten.

Zum vierten Mal stoßen wir auf den Ausdruck im 9. Kapitel im Zusammenhang mit einer Belehrung der Jünger durch Jesus: Er „rief die Zwölf und sagte ihnen: Wer der Erste sein will, soll der Letzte sein" (vgl. 9,35; 9,35–50).

Zum fünften Mal werden die Zwölf im nächsten Kapitel erwähnt, wo es um die dritte Ankündigung von Jesu Leiden und Auferstehung geht (10,32–35).

Die sechste Stelle steht im 11. Kapitel: Nach dem Einzug in Jerusalem und „in den Tempel, nachdem er sich alles angesehen hatte, ging" Jesus „spät am Abend mit den Zwölf nach Betanien hinaus" (11,11). Somit wird die Gegenwart der Zwölf beim Auftreten Jesu in Jerusalem ausdrücklich erwähnt.

Die siebte Stelle schließlich befindet sich im 14. Kapitel zu Beginn der Leidensgeschichte. Hier werden die Zwölf mehrmals erwähnt, weil die Ereignisse des ganzen Kapitels in enger Verbindung mit den Zwölf dargestellt werden. „Judas Iskariot, einer der Zwölf..." (14,10). „Als es Abend wurde, kam Jesus mit den Zwölf" (14,17). „Er sagte zu ihnen: Einer von euch Zwölf, der mit mir aus derselben Schüssel ißt" (14,20). Und schließlich: „...Judas, einer der Zwölf..." (14,43).

Der Ausdruck „die Zwölf" kommt bei Markus häufig vor, in regelmäßigen Abständen, fast in jedem zweiten Kapitel und in sieben verschiedenen

Zusammenhängen. Vom dritten bis zum vierzehnten Kapitel unterstreicht der Evangelist seinen Bericht über den Weg des Jüngers, der allmählich zur Gotteserkenntnis gelangt, gewissermaßen mit der Gegenwart der Zwölf. Vom Augenblick ihrer Einsetzung (4, 14) bis zu ihrer Flucht in der Stunde der Prüfung beim Verrat des Judas (14, 50) wird diese Gegenwart in jedem Hauptabschnitt des Evangeliums ausdrücklich hervorgehoben.

So können wir sagen: Die Zwölf begleiten Jesus auf seinem Weg vom ersten Auftreten bis hin zur Prüfung am Ende.

Bedenken wir auch, daß man den Texten, in denen der Ausdruck „die Zwölf" vorkommt und die wir im strikten Sinne unserer Betrachtung zugrunde legen können, noch drei weitere hinzufügen müßte. An diesen Stellen werden die Zwölf zwar nicht ausdrücklich genannt, doch werden hier Begebenheiten berichtet, die sie betreffen. Vor allem ist auf Kapitel 1, 16.20 hinzuweisen, die ersten Berufungen, das heißt die, die ersten vier von den Zwölf, die am See berufen werden, dann auf Kapitel 8, 27–30: Petrus, der im Namen der Zwölf bekennt, daß Jesus der Christus ist; ferner auf Kapitel 16, 7: die erneute Berufung der Zwölf, die sich nach der Auferstehung bei Jesus in Galiläa versammeln sollen.

Halten wir uns all diese Begebenheiten vor Augen, so erkennen wir hier gleichsam den „roten Faden", die „apostolische Struktur" des Markus-Berichtes und haben tatsächlich die Möglichkeit, den Weg der Zwölf im Markusevangelium zu betrachten. Diese zehn Apostelperikopen (sieben plus drei) sind Schlüsselstellen des Evangeliums und haben ihren Ursprung in der einleitenden Feststellung: „Die er bei sich haben wollte" (3,14). Die ganze Laufbahn der Zwölf beginnt in diesem Augenblick, der ihre Existenz, die ein „bei Jesus Sein" ist, begründet. Alles Weitere ist die Vertiefung dessen, was dieses „bei Jesus Sein" für das Leben eines Menschen bedeutet, der zur innigen Freundschaft mit dem Herrn berufen ist.

Gerade deshalb ist diese so harte und überraschende Wendung: „Er setzte zwölf ein, die er bei sich haben wollte", selbst noch in ihrer Unbeholfenheit voll tiefer Bedeutung, und sie enthält keimhaft alles, wozu die Apostel berufen sind. Die zehn Perikopen zeigen den Weg, auf dem die Apostel wirklich dazu gekommen sind, bei Jesus zu sein und das Geheimnis des Reiches zu besitzen: „Euch ist das Geheimnis des Reiches Gottes anvertraut" (4,11). Bei Jesus sein, von ihm das Geheimnis des Reiches zu eigen erhalten, diese beiden Wendungen beschreiben das, was die Apostel sind, und ihren Weg.

Zu diesem Weg läßt sich noch ein letzter Hinweis geben. Bei ihm steht die Buße nicht am Anfang, sondern wir finden sie vor allem gegen Ende mit der Bewährungsprobe der Passion im 14. Kapitel. Zu Beginn wird nur auf sie hingewiesen, denn bei Markus werden uns nicht die Etappen einer Bekehrung vorgeführt, die mit der Buße beginnt und dann mit der Entdeckung, daß man bei Christus ist, ihren Fortgang nimmt, sondern es ergeht an uns ein Anruf, bei Christus zu sein. Dieser Ruf muß sich nach und nach verdeutlichen und vertiefen, bis wir in einer Bußbetrachtung erkennen, wie weit wir noch davon entfernt sind, einer schon vorhandenen Berufung treu zu bleiben.

Wir werden also dem Weg des Markus folgen, ohne die einzelnen Perikopen streng zu analysieren. Sie wollen uns jedoch als Hintergrund dienen, so daß wir verstehen können, wie die allmähliche Offenbarung des Geheimnisses des Gottesreiches sich in denen vollzieht, die berufen werden, „bei ihm zu sein".

Wir werden den Weg betrachten, den diese Perikopen voraussetzen oder weisen: wir werden uns also in die Lage der Zwölf versetzen, ihre Stelle einzunehmen versuchen und uns fragen:

Welche Haltung setzt dieses Ganz-offen-für-Jesus-Sein bei den Zwölf voraus?

Was für eine Mentalität findet er bei ihnen vor?

Welche Glaubensvoraussetzungen sind erforderlich; welcher Weg bietet sich an; und welche Bewährungsproben bringt dieser Weg mit sich?

Wie geschieht die allmähliche Offenbarung des Gottesreiches, um nicht nur gedanklich, sondern auch praktisch verstehen zu können, was es heißt, „bei ihm zu sein"?

Das ist der Weg, zu dem wir nun aufbrechen wollen.

Erste Betrachtung

Das Geheimnis Gottes

Diese Betrachtung soll uns helfen, zu einer Haltung zu gelangen, wie sie in dem Abschnitt „Prinzip und Fundament" der „Geistlichen Übungen" (Nr. 23) des heiligen Ignatius von Loyola dargestellt wird. Sie will in uns die Vorbedingung der völligen Verfügbarkeit für das Geheimnis Gottes schaffen, für sein Wirken und seinen Anstoß zum ersten Schritt. Um diese Verfügbarkeit zu erreichen, halten wir uns an das Markusevangelium.

Wir wollen das Geheimnis Gottes bei Markus betrachten; oder besser, wir wollen sehen, welche Rolle das Gespür für Gott auf dem Weg der Einübung in den Glauben spielt, zu dem Markus einlädt; welche Rolle dabei die Ausbildung dieses Gespürs für Gott hat.

Es fällt sehr bald auf, wie wenig bei Markus von Gott die Rede ist, wie spärlich die Unterweisung über Gott zu sein scheint. So fehlen zum Beispiel grundsätzliche Unterweisungen wie die im sechsten Kapitel des Matthäusevangeliums über die Vorsehung oder über das Vaterunser, die die Gelegenheit für eine sehr schlichte, aber umfangreiche Katechese über Gott sind.

Wenn wir auch noch einen Blick in die Statistik tun, bei allem Vorbehalt, die solchen Daten gegenüber angebracht ist, sehen wir, daß der Name Gott bei Markus siebenunddreißigmal, bei Matthäus dagegen sechsundvierzigmal und bei Lukas sogar einhundertsechsmal vorkommt. Im Unterschied zum Evangelium für den Glaubenslehrer ist das Evangelium für den Glaubensschüler also sehr diskret bei der Erwähnung der Person Gottes.

Was die Bezeichnung „Vater" betrifft, kämen wir zum gleichen Ergebnis: Markus spricht dreizehnmal vom „Vater", bezieht sich aber nur ganze fünf Mal auf Gott, während der Name des Vaters bei Johannes hunderte Male vorkommt und Gott bezeichnet; so gehört offenbar eine Katechese über Gott Vater zur Unterweisung des erleuchteten Christen, während er Anfängern gegenüber nur gelegentlich erwähnt wird.

Wieso dieses Schweigen über Gott? Warum ist von ihm so wenig die Rede? Dazu müssen wir uns wohl in die konkrete Lage des Taufbewerbers in der Urkirche versetzen.

Die Glaubensschüler der Urkirche, vor allem diejenigen, an die sich das Markusevangelium richtet – d.h. wahrscheinlich Katechumenen, die zum großen Teil aus dem Heidentum kamen –, waren schon von Haus aus sehr religiös. Ihnen war es keineswegs fremd, an Gott zu denken, von ihm zu reden, ihn zu nennen und ihn dauernd zu erwähnen; sagt doch

Paulus ganz richtig, als er von den Heiden spricht: „Und selbst wenn es im Himmel oder auf der Erde sogenannte Götter gibt – und solche Götter und Herren (kýrioi) gibt es viele..." (1 Kor 8,5).

Das trifft so sehr zu, daß Paulus sich bei seiner Ankunft in Athen an den allgegenwärtigen Götterbildern stößt und die Athener äußerst abergläubisch nennt. Daß sie abergläubische Menschen waren, sieht man aus der Begebenheit, die sich in Ephesus zugetragen hat und von der in der Apostelgeschichte 19,18f berichtet wird. Dort heißt es, daß viele von den Neubekehrten ihre Zauberbücher brachten, um sie zu verbrennen. Man warf Bücher im Wert von Millionen – fünfzigtausend Silberdrachmen – ins Feuer. Das zeigt, daß der Aberglaube sehr verbreitet war, und daß man Menschen als Taufbewerber aufnahm, die eigentlich den Namen Gottes schon zu häufig im Munde führten. Das Problem war nicht so sehr, ihnen ein Gespür für die Gottheit zu vermitteln, die für sie überall zugegen war und sich in jedem Phänomen zeigte, als vielmehr gegen eine irregeleitete Religiosität anzugehen.

Übrigens könnten wir uns fragen: Ist unsere heutige Situation mit ihrem weit verbreiteten Unglauben wirklich schlimmer? Vielleicht ist es in Zeiten der Gottlosigkeit leichter, vom wahren Gott zu reden, als in Zeiten des Aberglaubens, in denen die Rede von Gott falsch verstanden, verfälscht und in ihr Gegenteil verkehrt werden kann.

Das Markusevangelium ist in einer Zeit entstanden, in der es nicht angebracht war, Taufbewerbern zu viel von Gott zu sagen, weil das zu Mißverständnissen führen konnte. Das mag wohl ein Grund dafür gewesen sein, dem Katechumenen nicht so viel von Gott zu sagen. Wir werden allerdings feststellen, daß man dennoch von Gott sprach, wenn auch nicht so direkt.

Wie wurde dann dem Glaubensschüler Unterricht über Gott erteilt?

Wahrscheinlich zum großen Teil auf der Grundlage des Alten Testamentes, besonders der Psalmen. Das Buch der Psalmen erschloß dem Katechumenen das wahre Gespür für Gott, und daher las die Urgemeinde – die auch Heidenchristen umfaßte – es oft und kannte die einzelnen Psalmen sehr genau. Das zeigt sich an den vielen Zitaten im Neuen Testament, die unverständlich wären, wenn die Gemeinde – an die sich die Apostelbriefe richten –, die Psalmen nicht ständig gebetet hätte.

Dem Taufbewerber wurde durch die Psalmen das Gespür für Gott vermittelt. Im Grunde machen auch wir es in den Exerzitien so. Durch das Beten der Psalmen wollen wir uns wieder zu diesem tiefen Gespür für Gott erziehen, das man sich viel eher betend aneignet als durch den Vortrag dessen, was man über Gott sagen kann (vgl. „Geistliche Übungen", Nr. 20).

In den spärlichen Andeutungen, die im Markusevangelium gemacht werden, entdecken wir dieses besondere Gespür für Gott, das Markus vom Glaubensschüler erwartet, und auch das besondere Gespür für Gott, in dem Jesu Selbstoffenbarung an die Zwölf ergeht.

In unserer Betrachtung werfen wir also einen kurzen Blick auf die Haupttexte bei Markus – etwa fünfzehn –, in denen man direkte oder indirekte Hinweise auf Gott findet. Sie sollen uns zeigen, welche Aspekte und Vorstellungen von Gott besonders hervorgehoben und folglich auch für die wichtigsten gehalten werden bei der Hinführung des Taufbewerbers zu Gott und zur engen Freundschaft mit unserem Herrn Jesus, die für den Weg der Zwölf maßgebend ist.

Diese Texte lassen sich in vier Gruppen einteilen: Im Vorfeld gibt es Texte, die die Grundaspekte beleuchten, dann werden einige nähere Hinweise gegeben, sodann eine Reihe besonderer biblischer Themen angesprochen und schließlich endgültige Aussagen über das Geheimnis gemacht.

Vier verschiedene Textarten also, und jede davon umfaßt eine Folge von drei oder vier Stellen.

Erste Reihe: Texte im Vorfeld (Mk 1,2; 1,3; 1,10–11)

Wie sollen wir diese Texte in unsere Erfahrung umsetzen? Wer ist Gott? Er ist es, der einen geheimnisvollen Anfang setzt: „Siehe, ich sende meinen Boten vor dir her" (1,2). Vers I beziehe ich nicht in unsere Betrachtung mit ein, weil er sehr umstritten ist. In Vers 2 wird Gott nicht genannt, aber er ist derjenige, der einen geheimnisvollen, nicht näher beschriebenen Anfang setzt; etwas soll geschehen; Gott kommt uns entgegen. Gott ist der Gott, der kommt. „Bereitet dem Herrn den Weg" (1, 3): Gott ist unterwegs und kommt. Dieser klare und zugleich geheimnisvolle Hinweis auf Gott als jemand, der zu uns unterwegs ist, der sich von sich aus auf uns zu bewegt, wird im folgenden wiederholt: „Er sah, daß der Himmel sich öffnete..." (1, 10), das heißt, Gott, „euer Vater im Himmel" (11, 25), wird gegenwärtig für unsere Wirklichkeit, für unsere Erfahrung und tritt vom Himmel her mit uns in Verbindung.

Und wie verkehrt er mit uns? Die Antwort darauf lautet: Über seinen „geliebten Sohn" (1, 11); das besagt, über den Sohn, der Vorbild ist, den Sohn, in dem wir etwas erkennen werden vom Geheimnis Gottes, das unserer Erkenntnis unzugänglich ist.

Gott erscheint also als unzugängliches Geheimnis, das an einem bestimmten Punkt in bezug auf uns einen geheimnisvollen Anfang setzt und sich uns nähert, um uns aufzurütteln. Das ist nicht viel; aber damit wird alles gesagt, was ein Gefühl der Erwartung und der Vorbereitung wecken kann.

Dem Glaubensschüler wird also nicht nahegelegt, gleich zu sagen: „Hier ist Gott; Gott ist dieser oder jener", das heißt, er muß nicht aussagen, was Gott ist. Es wird ihm vielmehr nahegelegt, zu verstehen, daß Gott derjenige ist, der sich anschickt, sein Leben in Besitz zu nehmen, und ihm mit einem geheimnisvollen Vorhaben entgegenkommt, zu dem er ja sagen soll, ohne es in allen Einzelheiten zu kennen.

Zweite Reihe: Klärende Hinweise
(Mk 1,14; 1,15; 1,35; 2,7)

„Jesus ging wieder nach Galiläa; er verkündete das Evangelium Gottes" (1,14). Indirekt wissen wir also, daß Gott der Gott des Evangeliums ist. „Das Reich Gottes ist nahe" (1,15); also ist Gott der Gott des Reiches.

Wie soll man diese beiden Hinweise übersetzen? Der Gott des Evangeliums; das heißt, der Gott, der dir eine gute Nachricht bringt, die deine Lage ändern wird. Der Gott des Reiches; das heißt, der Gott, der sich anschickt, die Dinge auf geheimnisvolle Weise in Ordnung zu bringen.

Gott tritt mit einer umwälzenden Botschaft in unser Leben ein, mit einer Botschaft voller Freude; er kommt, um unser Leben wieder in Ordnung zu bringen.

Hier geht es also um die Haltung dessen, der noch nicht weiß, was Gott will, sich aber in voller Verfügbarkeit vorbereitet, etwas geheimnisvolles Neues anzunehmen, das in sein Herz kommen soll.

Eine andere geheimnisvolle, sehr indirekte Andeutung findet sich etwas weiter vorn (1,35): „In aller Frühe ging Jesus an einen einsamen Ort, um zu beten". Hier erscheint Gott als derjenige, zu dem Jesus betet. Jesus Christus, der bereits als Sohn und

Vorbild und als sein Offenbarer eingeführt worden ist, steht mit Gott in einem geheimnisvollen Einvernehmen; und wir befinden uns, auch ohne viel mehr über Gott zu wissen, ganz in einer Atmosphäre der Erwartung, der Scheu, der Ehrfurcht und der Spannung dem Geheimnis Gottes gegenüber, das sich uns in Christus offenbaren will.

Und im Zusammenhang mit der Heilung eines Gelähmten, von der das folgende Kapitel berichtet, wird die Frage gestellt: „Wer kann Sünden vergeben außer dem einen Gott?" (2,7). Es ist eine Äußerung der Gegner, die uns aber sagen soll, daß einzig Gott es ist, der vergeben kann. Er ruft in uns das Gefühl der Vergebung wach. Gott tritt auf mit einer Initiative der Vergebung, die die gute Nachricht ist, und der Mensch muß ihm entgegenharren, offen und bereit, ihn aufzunehmen.

Schon aus diesen wenigen Andeutungen ersehen wir, daß die heidnische Mentalität eine völlige Umkehr erfährt. Für sie stand Gott dem Menschen gleichsam zur Verfügung, konnte der Mensch die Hand auf ihn legen und ihn sich gewogen machen, indem er von ihm erbat und erhielt, was er wollte. Es war ein Gott, den der Mensch manipulieren konnte.

Jetzt hingegen ist der Mensch in eine Haltung völliger Passivität versetzt, in einen Zustand der Erwartung, des Hinhörens, der Ehrfurcht und der Scheu. Gott ist es, der sich zu handeln anschickt, der sein Reich zu verwirklichen beginnt. Wir müssen demütig hinhören, ohne zu verstehen, und bereit sein, dorthin zu gehen, wohin er uns bringen will.

Das sind einige der Grundzüge der Erwartung des Geheimnisses Gottes, wie sie der erste Teil des Markusevangeliums enthält.

Vom zweiten Kapitel an wird über Gott nur noch ganz wenig gesagt, weil, wie wir sehen werden, Jesus am Werk ist. Er geht daran, Gottes Geheimnis in seiner Person zu enthüllen. Deshalb steht die Unterweisung über Gott nicht im Vordergrund. Hat der Mensch sich erst einmal zur Verfügung gestellt, wird er an den Sohn verwiesen, beginnt der Weg der Nachfolge des Sohnes, auf dem wir uns ganz von einer falschen Gottesvorstellung frei machen dürfen, um zu seiner wahren Erkenntnis zu gelangen.

Dritte Reihe: Biblische Themen

Allerdings finden sich in den Kapiteln 11, 12 und 13 noch vier Erwähnungen Gottes, die biblische Themen aus dem Alten Testament aufgreifen. Sie veranlassen uns zu der Feststellung, daß das Markusevangelium einige Grundthemen im Blick behalten hat, in denen man Ausgangspunkte für eine Unterweisung über den „Gott unseres Herrn Jesus Christus" sehen konnte.

Welches sind diese vier grundlegenden Punkte, die sich alle auf die alttestamentliche Unterweisung über Gott beziehen? Im Kapitel 10 ist es die Antwort Jesu: „Niemand ist gut außer Gott" (10, 18). Sie offenbart dem Taufschüler die Güte Gottes, des einzig Guten, den man „mit ganzem Herzen und ganzer Seele, mit allen Gedanken und aller Kraft" lieben muß, wie es in Kapitel 12, 30 heißt.

Im folgenden Kapitel begegnet uns wiederum ein Stück alttestamentlicher Katechese: die Aufforderung oder – je nach der Übersetzung – Feststellung: „(Ihr) glaubt an Gott" (11, 22). Dazu ist zu sagen, daß der griechische Text noch viel geheimnisvoller ist; er lautet nämlich: échete pístin Theoú. Er stellt also die Frage ‚Wer ist Gott?' auf den Kopf. Er ist derjenige, der Glauben und Vertrauen verdient, derjenige, dem man sich ganz überlassen darf. Und im Verlauf der Taufvorbereitung wird es immer dringlicher heißen: Überlaßt euch dem Geheimnis Gottes, der in euch wirken will, nicht wie ihr wollt, sondern so, wie er will. Seid also ganz und gar verfügbar.

Ein weiterer alttestamentlicher Bezug findet sich im dreizehnten Kapitel; hier geht es sehr indirekt um den Gott der Schöpfung: „Seit Gott die Welt erschuf" (13, 19). Der einzige, gute, getreue Gott, der Schöpfer, die höchste Wirklichkeit, die man lieben muß, das alles sind alttestamentliche Themen, die damals in der Luft lagen. Markus liefert uns tatsächlich eine Modellunterweisung für Menschen, die an diese Werte glaubten. In einer Katechese unserer Tage könnte man sie für erledigt halten, wenngleich auf diesen Themen die evangelische Vorstellung des Gottes beruht, der kommt, der eine Initiative ergreift, des Gottes, dem man sich überlassen muß und der uns durch Christus auf geheimnisvolle Weise führt.

Vierte Reihe: Offenbarungen

Die beiden letzten Texte schließlich sind von grundlegender Bedeutung und machen im Markusevangelium deutlich, wer Gott ist.

Jesus ist in Getsemani und betet: „Abba, Vater, alles ist dir möglich. Nimm diesen Kelch von mir! Aber nicht, was ich will, sondern was du willst" (14,36). Wer ist dieser Gott, den uns die Worte Jesu zu erkennen geben? Er ist der Gott, dem alles möglich ist – ein im Alten Testament bevorzugter Gedanke –, der Gott, der den Kelch wegnehmen kann, es aber in Wirklichkeit nicht tut. Er ist also der Gott, dem man sich ganz ausliefern muß, weil er uneingeschränkt über uns verfügt und uns geheimnisvolle Wege führt, so wie er auch Christus geführt hat.

Der Taufbewerber wird somit eingeladen, dieses menschlich vorgefertigte Gottesbild aufzugeben, die Vorstellung von einem Gott, bei dem alles von vornherein feststeht, auf den sich der Mensch stützen und von dem er erhalten kann, was er will, wenn er nur diesen oder jenen Akt der Verehrung erfüllt. Statt dessen soll er ein Bild von Gott annehmen, der auf geheimnisvolle Weise handelt und ihn in Güte führt, aber dorthin gelangen läßt, wohin er will, durch die Heilsinitiative des Evangeliums, die für den Menschen immer unvorhersehbar und bestürzend ist.

So ist schließlich der letzte Text bei Markus, wo Jesus uns etwas über Gott sagt, der dramatischste des Evangeliums. Jesus ruft am Kreuz: „Mein Gott, mein Gott, warum hast du mich verlassen?" (15, 34). Wie kann das sein, daß mit diesem Wort die Reihe der spärlichen Hinweise auf das Geheimnis Gottes bei Markus zu Ende gehen? Einfach deshalb, weil wir hier den Gipfel der Offenbarung vor uns haben: Der Gott, den das Evangelium uns zeigt, der Gott, dem alles möglich ist, der Gott, der alles in der Hand hat und dem wir uns restlos ausliefern, braucht nicht zu tun, was wir von ihm erwarten. Er kann uns auch äußerlich verlassen, wie er seinen Sohn verlassen hat. Gewiß ist in den Worten Jesu auch ein Zeichen der Hoffnung spürbar, doch dürfen wir auch nicht vergessen, daß es Worte totaler Selbstentäußerung und Hingabe sind. Gott hat Christus in bitterem Leid, nach außen hin in Trostlosigkeit, von den Menschen verstoßen, sich selbst überlassen, als hätte er ihn ein für allemal im Stich gelassen.

Der Glaubensschüler wird also angehalten, ernsthaft zu bedenken: Gib acht; der Weg, auf den du dich begibst, ist nicht leicht und kein Weg, auf dem Gott dich garantiert von Erfolg zu Erfolg führt, der so gelingt, wie du dir ihn zurechtgelegt hast; du begibst dich vielmehr in die Hände eines geheimnisvollen Gottes, der gut ist, der das beste mit dir vorhat, aber nicht so, wie du meinst.

Es geht hier um die totale Verfügbarkeit, die der heilige Ignatius zur Grundvoraussetzung der „Geistlichen Übungen" erhebt: das Geheimnis Gottes akzeptieren. Er ist anders als wir und wird uns oft unversehens dorthin bringen, wohin wir nicht gehen möchten („Geistliche Übungen", Nr. 5). So hat Jesus dem Petrus gesagt: „Man wird dich führen, wohin du nicht willst" (Joh 21,18). Das heißt, sich ganz dem Geheimnis Gottes überlassen mit all den Überraschungen, vor die er uns jeden Augenblick und in jedem Lebensalter stellen kann.

Zweite Betrachtung

Die Unwissenheit der Jünger

Diese Betrachtung soll uns helfen, unseren Bußgeist zu vertiefen. Bitten wir daher den Herrn um die Gnade der inneren Läuterung.

Wie stellt sich im Markusevangelium diese Erfahrung der Läuterung dar? Unsere Antwort auf diese Frage stützt sich auf eine der grundlegenden Stellen, an denen Markus, im 4. Kapitel, das Geheimnis des Reiches verständlich machen will: „Euch ist das Geheimnis des Reiches Gottes anvertraut; denen aber, die draußen sind, wird alles in Gleichnissen gesagt" (4,11).

Ziel der ganzen Katechese des Markus ist, aus einer Situation des „Draußen", in der man das Geheimnis des Reiches unter soziologischen oder phänomenologischen Gesichtspunkten sieht, aber seinem Wesen nach nicht begreift, in die Situation des „Drinnen" hinüberzuführen.

Im Neuen Testament dient der Ausdruck „draußen" oft zur Bezeichnung derer, die die innere Erkenntnis des Geheimnisses des Reiches, das heißt, des Glaubens, nicht teilen, wie etwa die Heiden. So sagt Paulus im ersten Korintherbrief im Zusammenhang mit der Rechtsprechung, die auch innerhalb der Gemeinde erforderlich ist: „Ich will also nicht Außenstehende richten..." (1 Kor 5,12), und wiederum im Kolosserbrief: „Seid weise im Umgang mit den Außenstehenden" (Kol 4,5), das heißt mit denen, die am Geschenk der Frohbotschaft keinen Anteil haben und eine abwartende Haltung einnehmen und euch auch nur rein äußerlich beobachten und beurteilen. Schließlich lesen wir im ersten Thessalonicherbrief: „So sollt ihr vor den Außenstehenden ein rechtschaffenes Leben führen" (1 Thess 4,12).

Der Ausdruck ist also im Neuen Testament recht geläufig und bezeichnet die Gruppe derer, die das Geheimnis des Reiches noch nicht begriffen haben. Heute gehören dazu nicht nur die Ungetauften, sondern eigentlich alle, für die das Geheimnis des Reiches und das Geheimnis der Kirche noch etwas Äußeres ist, zu dem man noch keinen inneren Zugang gefunden hat, mit dem man sich nicht identifiziert, so daß alles rätselhaft zu sein scheint. Man sieht, wie die Kirche bestimmte Dinge tut, gewisse Zeremonien vollzieht oder nach ganz festgelegten Regeln handelt. Doch alles erweckt den Eindruck einer großartigen Veranstaltung, deren Sinn man nicht erkennt.

Man muß also mutig in das Innere des Geheimnisses eintreten, um sich mit ihm zu identifizieren. Eben das ist der Weg der Taufvorbereitung: er führt von einem Außen, wo die Zeichen einem rätselhaft erscheinen, zu einem Innen hin, wo sie sich mit der

Wirklichkeit decken. Es ist genau der Weg, den das vierte Kapitel beschreibt unter Anführung einer Stelle aus dem Alten Testament: „Sehen sollen sie, aber nicht erkennen; hören sollen sie, aber nicht verstehen, damit sie sich nicht bekehren und ihnen nicht vergeben wird" (Mk 4, 12; vgl. Jes 6, 9 f).

Über diesen Vers hat man lange diskutiert, um festzustellen, ob Gott überhaupt den Willen haben könne, sich nicht verstehen zu lassen. In Wirklichkeit handelt es sich hier um eine Ausdrucksweise, durch die deutlich gemacht werden soll, wie es dem ergeht, der seine Augen verschließt. Der Vers ist überaus aufschlußreich, wenn wir ihn umkehren und von seiner positiven Seite sehen, wenn wir uns also die Frage stellen: Wie sieht der Weg des Taufbewerbers aus? Es ist der Weg dessen, der seine Augen aufmachen will, um zu sehen. Viele richten ihren Blick auf die Angelegenheiten der Kirche, aber sie sehen sie nicht, sie begreifen ihren Sinn nicht. Viele, die heute der Kirche gegenüber kritisch Stellung beziehen, tun das oft in der Haltung des Hinschauens und Nicht-Sehens, des Hinhörens und Nicht-Verstehens. Man muß vielmehr vom Hinschauen zum Begreifen, vom Hinhören zum Verstehen kommen, um sich zu bekehren und Vergebung zu erlangen. Das ist, positiv gesagt, der Weg, den die Worte von Vers 12 zeichnen.

Man versteht das noch besser, wenn man über die Aufforderung meditiert, die Augen aufzutun, zu hören und zu verstehen. Sie kommt im Markusevangelium immer wieder vor.

Wenden wir uns dieser Betrachtung der Unwissenheit der Jünger zu.

Markus setzt voraus, daß der Taufschüler – und das gilt ebenso für die Zwölf im Hinblick auf ihr enges Verhältnis zu Jesus –, seinen Weg in einem Zustand ausgesprochener Unwissenheit antritt, einer Unwissenheit und einer Verständnislosigkeit, in der man nicht klar sieht. Jesus macht seine Jünger wiederholt auf diese Uneinsichtigkeit aufmerksam, um sie davon zu überzeugen, daß sie noch nicht wirklich gesehen oder verstanden haben. Er prägt ihnen ein, daß man nicht so von sich eingenommen sein darf, sondern zur Haltung einer ausgesprochenen und demütigen Unwissenheit gelangen muß, die immer bereit ist, sich belehren zu lassen.

So wird im ersten Teil des Markusevangeliums auch immer wieder auf die Unwissenheit des Jüngers hingewiesen. Sie wird als normaler Ausgangspunkt der Katechese vorausgesetzt; für die Zwölf wird sie dann in einem bestimmten Augenblick der Punkt sein, an dem der Ruf Jesu ansetzt.

Zu Vers 12 des vierten Kapitels muß man auch Vers 23 anführen mit der Aufforderung: „Wenn einer Ohren hat zum Hören, so höre er!" In Vers 24 heißt es: „Achtet auf das, was ihr hört!", und Vers 40: „Warum habt ihr solche Angst? Habt ihr noch keinen Glauben?"; das heißt: ‚Versteht ihr immer noch nicht?' Es wird sich noch zeigen, wie wichtig das vierte Kapitel ist, da es einen Fortschritt in der Jesus-Erkenntnis darstellt.

Im sechsten Kapitel kommt es wieder zu demselben Tadel: „Denn sie waren nicht zur Einsicht gekommen, als das mit den Broten geschah: ihr Herz war verstockt". (6, 52).

Auch das achte Kapitel enthält einen Abschnitt, der die Unwissenheit des Jüngers nachdrücklich betont: „Was macht ihr euch darüber Gedanken, daß ihr kein Brot habt? Begreift (im Griechischen wörtlich: habt ihr nicht den Sinn, das Gespür?) und versteht ihr immer noch nicht? Ist denn euer Herz verstockt? Habt ihr denn keine Augen, um zu sehen, und keine Ohren, um zu hören? Erinnert ihr euch nicht..." (8, 17 f). Hier werden fünf Vorwürfe nacheinander angeführt, die eine Bestandsaufnahme aller Sinne des Menschen darstellen, um den Gesprächspartnern klarzumachen, daß sie absolut nichts begriffen haben.

Schließlich finden wir im neunten Kapitel noch eine letzte Stelle zum Thema der Unwissenheit: „Aber sie verstanden den Sinn seiner Worte nicht, scheuten sich jedoch, ihn zu fragen" (9, 32).

Das also ist die Ausgangslage des Weges, den der Taufbewerber antritt. Sie bleibt ihm sogar noch eine Zeitlang treu. Typisch für dieses Stadium ist, daß man mit dem Geist in gewisser Hinsicht noch nicht zum Kern der Botschaft vorgedrungen ist, daß man wohl verschwommen etwas ahnt, aber das Geheimnis noch nicht begriffen hat. „Euch ist das Geheimnis... anvertraut" (4, 11 f). Aber dieses Geheimnis bleibt unverstanden, wird nicht bis auf den Grund durchschaut, bevor nicht der Weg, den das Markusevangelium weist, durchlaufen ist. Vom vierten bis zum neunten Kapitel wird nachdrücklich festgestellt, daß man auf diesem Weg noch weit zurückliegt.

Zu dieser Haltung sollten wir immer gelangen, wenn wir dem Geheimnis Gottes gegenübertreten. Wir müßten sagen können: ‚Wie wenig sind wir mit dem Geheimnis Gottes vertraut!' Nur so können wir ganz und gar aufmerksame und demütige Hörer werden, die bereit sind, zu vernehmen, was Gott uns mitteilen will.

Unser erster Betrachtungspunkt läßt sich demnach wie folgt zusammenfassen: Für einen ernsthaften Weg der Glaubensunterweisung und ein wirkliches Jüngerverhältnis der Zwölf Jesus gegenüber setzt das Markusevangelium als Ausgangspunkt voraus: das Sich-bewußt-Machen einer bestimmten theoretischen und praktischen Unkenntnis und eines Unverständnisses dem Geheimnis Gottes gegenüber.

Der zweite Punkt dieser Betrachtung soll der Frage gewidmet sein: Worin besteht diese Unwissenheit konkret? Wo zeigt sie sich bei den Aposteln, bei den Jüngern? Dazu muß man das ganze Markusevangelium lesen und sehen, wo und wie sich diese Unwissenheit zeigt. Unter all den Stellen, die man anführen könnte, will ich einige unter dem Gesichtspunkt auswählen, daß man das Markusevangelium als Katechese liest. Alles, was Markus berichtet, zielt – zumal im ersten Teil des Evangeliums – darauf ab, die Unwissenheit des Jüngers anzuprangern und ihm klarzumachen, was mit ihm nicht stimmt, damit er auf der Hut ist und sich zu bessern versucht. Im ganzen ersten Teil geht es also um die Buße. An allen Stellen, die wir jetzt lesen, spricht Jesus eine direkte oder indirekte Rüge aus. Daraus ist zu entnehmen, daß beim Jünger ein Zustand der Unwissenheit und der Begriffsstutzigkeit immer zu tadeln ist.

Im zweiten Kapitel stoßen wir auf die Begebenheit, bei der die Apostel am Sabbat Ähren rupfen.

Was hier gerügt wird, ist die Unkenntnis der wahren Freiheit der Kinder Gottes. „Habt ihr nie gelesen, was David getan hat, als er und seine Begleiter hungrig waren und nichts zu essen hatten – wie er in das Haus Gottes ging und die heiligen Brote aß?“ (2,25 f). Es handelt sich hier eindeutig um eine Rüge von seiten Jesu: Habt ihr die Schrift nicht gelesen? Versteht ihr sie nicht? Verurteilt wird die typische Haltung dessen, der sich abmüht, von draußen zum Kern des Geheimnisses vorzudringen, aber sich immer noch an die Gesetze, an die Normen, an die Sitten und Gebräuche klammert, als seien sie höchst wichtig. Für den heidnischen Taufbewerber war die Versuchung dazu groß, die Versuchung nämlich, sich an Normen und Gesetze zu halten, als wäre nur durch sie das Heil zu erlangen.

Jesus läßt durchblicken, daß einer, der diese starre Haltung vertritt, das Geheimnis des Reiches noch nicht begriffen hat. Da das Geheimnis des Reiches sich einem solchen Verhaftetsein an die äußerliche Beobachtung des Gesetzes nicht erschließt, rügt Jesus sie als Fehler und Irrtum und weist darauf hin, daß David anders war und zu unterscheiden wußte zwischen dem, was wichtig und was nebensächlich war, hatte er doch das Stadium einer nur äußerlichen Gesetzestreue überwunden.

In diesem Abschnitt wird den Aposteln mit der Aufforderung, über den äußeren Anschein, über die bloße Gesetzesbeobachtung hinauszugehen, eine tiefgreifende Lehre erteilt.

Gleich danach, im dritten Kapitel, begegnen wir Jesus bei einer zweiten Zurechtweisung. Hier handelt es sich um einen eindringlichen Verweis; Jesus schaut wegen ihrer Herzensblindheit voll Zorn und Trauer in die Runde (3, 5).

Was ist der Grund für diesen Zorn Jesu? Es ist die innere Haltung der Pharisäer, die ihn in der Synagoge umgeben, als er sich anschickt, am Sabbat einen Mann zu heilen. Sie wissen keine Antwort auf die Frage: „Ist es am Sabbat erlaubt, Gutes oder Böses zu tun?" (3, 4).

Hier geht es um gebildete Menschen, die gekommen sind, ihn zu bespitzeln. Nun beobachten sie ihn kritisch; Menschen, die es nicht wagen, Stellung zu beziehen, die aus Furcht, sich kompromittieren zu können, kein Wort zu sagen wagen. Und der Herr erteilt der Furcht vor einem verbindlichen Bekenntnis eine Abfuhr. Auch so manche Christen unserer Tage teilen diese Haltung: Sie warten ab und betrachten die Kirche, Christus, alles, was die Kirche betrifft, von außen, bereit zur Kritik, vielleicht auch zu Vorschlägen, aber ohne sich je selbst ganz einzusetzen und zu engagieren. Es ist die Haltung bequemer, kritischer Überheblichkeit dessen, der selbst keine Verantwortung übernehmen will, der – mag er auch getauft sein –, mit seinem Herzen draußen bleibt. Es sind jene, die die Kirche, ihre Vertreter und ihre Handlungsweise von hoher Warte aus richten und behaupten, sie machten es falsch, aber nicht selbst mit anpacken, weil sie keinen Fehler riskieren möchten.

Solch eine Haltung ruft den Zorn und die Trauer Jesu wach, bringt sie doch zum Ausdruck, daß man über das Gottesreich diskutiert, auch gelehrte Vorträge hält, die recht klug sein können, aber letztlich Angst davor hat, sich die Hände zu beschmutzen und sich einzusetzen.

Ebenfalls im dritten Kapitel begegnet uns eine weitere Haltung, die Markus anprangert. Die Situation ist hier umgekehrt; denn es sind die anderen, die Jesus Vorhaltungen machen. Eine paradoxe Situation voller Ironie, an der Markus demonstrieren will, wie weit man kommt, wenn man sogar Jesus kritisiert. Wieso? Die Seinen kommen, um ihn zu holen, und sagen: „Er ist von Sinnen" (3,21). Auch das ist eine ganz typische Haltung für Menschen, die im Herzen des Geheimnisses zu sein glauben, aber in Wirklichkeit noch draußen sind.

Sie haben Angst, es könne ihnen wie Jesus ergehen, das heißt, man könne sie als Fanatiker hinstellen.

Viele möchten dem Geheimnis des Christentums nähertreten, sich auch ein wenig darauf einlassen, aber nicht zu sehr, aus Angst, die Leute könnten sie für verrückt erklären. In Wirklichkeit will man sich nicht bis zur letzten Konsequenz auf das Geheimnis Jesu einlassen. Davor hat man nicht selten sogar in kirchlichen Kreisen Angst. Viele von uns möchten ihr Christenleben so führen, daß die Leute nicht auf den Gedanken kämen, wir seien anders als sie, ein wenig seltsam, und hätten uns zu weit vorgewagt, und daß uns die einen oder anderen nicht als fanatisch bezeichnen.

Sicher dürfen wir keine Fanatiker sein, doch wir dürfen uns auch nicht davor fürchten, von anderen dafür gehalten zu werden. Wir müssen klug, ausgeglichen und diskret sein, dürfen uns aber nicht zu sehr darum sorgen, daß die andern uns dafür halten. Daher wird es – wenn wir das Evangelium wörtlich nehmen – schwierig sein, daß an einem bestimmten Punkt nicht jemand von uns sagt: ‚Der ist von Sinnen, das geht zu weit, der läßt sich von seiner Begeisterung hinreißen'. Jesus ist es ja ebenso ergangen.

Eine andere Haltung, die als falsche Ausgangssituation für den Ausbildungsweg des Taufbewerbers hingestellt wird, finden wir im vierten Kapitel ausführlich beschrieben, im Gleichnis und Rätselwort der Verse 4–7, in denen vom Samenkorn die Rede ist, das von den Vögeln gefressen, auf der Straße zertreten und von den Dornen erstickt wird. Danach findet sie im Satan, den Verfolgungen und den allzu großen Sorgen und Verbindlichkeiten der Welt in den Versen 14–19 ihre Deutung im einzelnen. Besonders unterstreichen möchte ich hier, was im Menschenherzen seinen Ursprung hat: die Überhäufung mit Ämtern und Pflichten und die vielen Sorgen der Welt.

All das wird zu den Ursachen gezählt, die uns daran hindern, das Wort zu verstehen und in das Geheimnis einzudringen. Aus Erfahrung wissen wir, daß hier einer der häufigsten Gründe liegt, die es den Menschen – auch Christen, die durchaus gut gewillt sind – unmöglich machen, ihre Oberflächlichkeit zu überwinden. Von zu vielen Dingen werden sie in Anspruch genommen, sind dem ununterbrochenen Ablauf äußerer Ereignisse verfallen und unfähig, zum Herzen der Dinge vorzustoßen.

Solche Fehlhaltungen muß der, welcher sich aufmacht, Jesus kennenzulernen, überwinden. Auch sollten wir nicht vergessen, daß die Dornen der ständigen Sorgen – „mérimnai" nennt sie der griechische Text –, d.h. der Not des jeweiligen Augenblicks, in jeder Lage und zu jeder Zeit am Werk sein können, auch wenn man im geistlichen Leben und im vertrauten Umgang mit Christus schon große Fortschritte gemacht hat.

Ein Zuviel an Sorgen und Mühen um äußere Dinge ist eine große Gefahr, in die wir geraten können. Sie kann tatsächlich jeden Augenblick den Geist ersticken und ihn abstumpfen.

Ebenfalls im vierten Kapitel finden wir eine weitere Haltung, die der Herr rügt: „Achtet auf das, was ihr hört! Nach dem Maß, mit dem ihr meßt und zuteilt, wird euch zugeteilt werden" (4,24). Hier geht es um die Haltung der Engherzigkeit; die Haltung eines Herzens, das sich nicht öffnet. Es gibt wenig und erhält auch wenig; eines Herzens, das vom Evangelium nur verlangt, was unbedingt nötig ist, und deshalb sehr wenig bekommt. Solch ein Sich-Einigeln kann unter Umständen zur Lebensregel werden: nur noch das Notwendigste tun, sich auf das beschränken, was zusätzliche Pflichten und die Ansprüche Gottes vom Leib hält; sich für die Mittelmäßigkeit entscheiden, die in eine Sackgasse führt.

Schließlich befindet sich im siebten Kapitel noch ein Rügenkatalog, der Haltungen aufzählt, die zu meiden sind, wenn man das Geheimnis erkennen will. Diese Aufzählung ist eine kleine Summe der Sittenlehre der Urkirche: „... von innen, aus dem Herzen der Menschen, kommen die bösen Gedanken, Unzucht, Diebstahl, Mord, Ehebruch, Habgier, Bosheit, Hinterlist, Ausschweifung, Neid, Verleumdung, Hochmut und Unvernunft. All dieses Böse kommt von innen und macht den Menschen unrein" (7,21 ff). Viele Laster und Sünden werden hier angesprochen, doch in erster Linie geht es um eine Grundposition des Evangeliums: All das kommt aus dem Menschen, aus seinem Innern, deshalb bedarf vor allem das Innere der Erneuerung; nicht nur die Gesellschaft ist schuld, die Struktur, das System, sondern auch das Herz des Menschen, aus dem alles kommt.

Sodann ist zu beachten, daß über die handfesten Sünden hinaus, die sich wohl eher auf einen umkehrwilligen Sünder beziehen als auf uns, auch noch einige gerissene Verhaltensweisen erwähnt werden, deren Betrachtung sich lohnt. Da ist zum Beispiel der Neid, der hier „böses Auge" – ophtalmòs ponerós – heißt. Auf den ersten Blick ist es nicht ganz einfach, zu sagen, was mit dem bösen Auge gemeint ist. Aber Matthäus erwähnt im Gleichnis von den Arbeitern im Weinberg das böse Auge ebenfalls: „Darf ich mit dem, was mir gehört, nicht tun, was ich will? Oder ist dein Auge böse, weil ich gütig bin?" (Mt 20,15). Vielleicht darf daraus geschlossen werden, daß hier die Haltung des Neides und, sozusagen, die Kritik an den Absichten Gottes angeprangert wird.

Wir geben uns doch so viel Mühe, und dann vollbringt Gott ohne Rücksicht auf das, was wir geschafft haben, bessere und schönere Leistungen. Das läßt uns manchmal ratlos werden, und wir stehen vor dem Geheimnis Gottes und wissen nicht mehr weiter: ‚Da haben wir uns doch so angestrengt, gearbeitet, und vielleicht sind uns die Besten davongelaufen!'

Hüten wir uns auch vor der Haltung, die als „Unvernunft" (aphrosýne) bezeichnet wird: Sie steht an letzter Stelle im obengenannten Katalog, der, wie gesagt, so etwas wie ein Kompendium für den Taufbewerber ist. Es gibt mancherlei Arten von Unvernunft, aber zwei von ihnen – sie werden an zwei Stellen im Lukasevangelium besonders erwähnt – wollen wir herausgreifen.

Im elften Kapitel werden die Pharisäer, die Becher und Teller außen säubern, sich aber nichts daraus machen, daß das Innere voller Raubgier und Bosheit ist, „unverständig" genannt: „Ihr Unverständigen! Hat nicht der, der das Äußere schuf, auch das Innere geschaffen?" (Lk 11,40). Unvernunft, Torheit ist hier jedes gespaltene Bewußtsein, das sich um Äußerlichkeiten sorgt, die augenfällig sind und uns in schlechtes Licht bringen können, während ihm die innere Haltung gleichgültig ist.

Man kann selbst auch in diesen Zustand geraten, weil man leicht wichtig nimmt, worum sich alle sorgen, dabei aber vernachlässigt, was wenig ausposaunt oder angepriesen wird, vor Gott aber ernster und wichtiger ist.

Ebenfalls Tadel für eine Torheit (aphrosýne) finden wir im zwölften Kapitel bei Lukas am Ende des Gleichnisses vom reichen Mann, der vor einer Rekordernte steht und deswegen eine neue Scheune bauen will. Der Herr sagt zu ihm: „Du Narr (áphron)! Noch in dieser Nacht wird man dein Leben von dir zurückfordern" (Lk 12,20).

Auch hier wird angeprangert, daß man den äußeren Dingen zu großen Wert beimißt. Gewiß müssen wir alle im Leben auch Leistungen im äußeren Bereich erbringen: wir haben zu tun, zu bauen, zu verwalten... Man müßte, so legt uns das Evangelium nahe, das alles mit dem Zeigefinger oder dem kleinen Finger der linken Hand erledigen; denn mögen auch Verantwortung, Verpflichtungen oder gar Menschen dabei eine Rolle spielen, am wichtigsten ist doch das Reich Gottes.

Ein weiterer Fingerzeig in derselben Aufzählung gilt der hyperephanía, d.h. der Haltung derer, die Gott, wie Maria uns im Magnifikat (Lk 1, 51) sagt, in alle Winde zerstreut: sie glauben wer weiß wer zu sein. Es ist die Haltung des Hochmuts, die die Erkenntnis des Reiches verhindert und uns den Blick für die tiefe Wahrheit des Evangeliums trübt.

Mit Hilfe von sechs Markustexten haben wir skizziert, wie in der Urkirche der Taufbewerber dazu angehalten wurde, sich zu prüfen, sich seiner konkreten Sünde zu stellen und so die Wurzeln seiner Unkenntnis des Gottesreiches begreifen zu lernen. Wenn man sich diese Unwissenheit eingesteht, sie demütig akzeptiert und zugibt, hat Jesus für sie eine erstaunliche, eine gute Nachricht. Diese Frohbotschaft richtet sich, wie Markus in seinen beiden ersten Kapiteln sagt, vor allem an die Kranken, das heißt an alle, die sich eingestehen, daß sie irgendwie an einer dieser Schwächen leiden. Wesentliche Voraussetzung zum Empfang dieser Botschaft ist also die Erkenntnis, daß man mit einer dieser Schwierigkeiten zu tun hat. Andernfalls kann man unmöglich in der Lage sein, dem Evangelium Gehör zu schenken. Jesus sagt: „Nicht die Gesunden brauchen den Arzt, sondern die Kranken. Ich bin gekommen, um die Sünder zu rufen, nicht die Gerechten" (Mk 2, 17).

Während einerseits dieser Zustand der Unwissenheit, der Unvollkommenheit und der mangelnden Eignung des Jüngers ihm verwehrt, das Geheimnis des Reiches zu begreifen, ermöglicht ihm anderseits sein demütiges Eingeständnis, auf den ärztlichen Zuspruch Jesu zu hören.

Gegen das Übel gibt es ein Mittel: das Eingeständnis der eigenen Bedürftigkeit ist der Zugang zum Wort. In dieser Sicht der Unterweisung des Glaubensschülers läßt sich der Sinn der beiden ersten Kapitel des Markusevangeliums besser verstehen. Sie zeigen Jesus, der sich ganz und gar den Kranken widmet, Jesus, den großen Arzt, der keine Krankheit verschleiert, der vor keiner menschlichen Begrenztheit zurückschreckt. Diese Verse mußten den Taufbewerber, der unsicher und schwankend war, aufrichten, wenn sie ihm die Gestalt Jesu, des Arztes in jeder Not, zeigten, des Arztes, der bereit ist, jeder nur erdenklichen Krankheit, Bedrängnis und Schwierigkeit abzuhelfen. Das Markusevangelium sagt uns: Eben deshalb ist er gekommen.

Hier geschieht schon die erste Begegnung des Taufschülers, der seine Unwissenheit und Ferne dem Reich Gottes gegenüber eingesteht, mit der Gestalt Jesu, des Arztes, der ihm noch nicht sagt, was er tun soll, ihm aber verkündet, daß er eigens gekommen ist, ihn zu heilen. Die Begegnung des Taufbewerbers mit seinem Herrn ist gleichsam das Vorspiel der Berufung zur Freundschaft mit Jesus.

Dritte Betrachtung

Jesu Ruf

Im folgenden betrachten wir die Berufungen, die Markus im Kapitel 1,16–20, im Kapitel 2, 13f und im Kapitel 3,13–19 schildert. Dabei stellen wir diese Perikopen in der besonderen theologischen Sicht dieses Evangeliums dar. Markus wollte nicht nur die Taten Jesu überliefern, sondern sie in einen sorgfältig ausgearbeiteten theologischen Rahmen fassen, wobei er jedem Wort und jedem redaktionellen Einschub einen tiefen Sinn gab.

Über den Aufbau des Markusevangeliums und den Stellenwert, den darin die Berufungen, zumal die der Zwölf, einnehmen, gibt es eine Reihe neuerer Untersuchungen, auf deren wichtigste ich mich beziehe.

Die Berufungsgeschichten lassen sich in zwei Gruppen einteilen, die Markus selbst schon klar voneinander unterschieden hat:

a) Die erste Gruppe, mit den ersten beiden Texten, überschreiben wir mit „Die Berufungen am See".

b) Die zweite Gruppe mit dem Text aus Kapitel 3

läßt sich als „Die Berufung auf dem Berg" bezeichnen.

a) Die Berufungen am See

Diese Berufungen werfen einige Fragen auf: 1. Wo ergehen diese Berufungen? 2. In welcher Situation beruft Jesus? 3. Wie ruft Jesus? 4. Wozu beruft er? 5. Was bewirkt sein Ruf?

1. Wo ergehen diese Berufungen?
Am See. Markus betont diesen besonderen Umstand ausdrücklich und wiederholt dies sogar dreimal. „Als Jesus am See von Galiläa entlangging, sah er Simon und Andreas" (1, 16); dieselbe Ortsangabe wird noch einmal bei der Berufung des Jakobus und des Johannes gemacht: „Als er ein Stück weiterging" (1, 19). Auch im zweiten Kapitel finden wir dieselbe Angabe: „Jesus ging wieder hinaus an den See" (2, 13); „als er weiterging" – im Griechischen heißt es hier wie in 1, 16 „parágon" –, „sah er Levi, den Sohn des Alphäus, am Zoll sitzen" (2, 14).

Was besagt diese Angabe, der „See", in der Darstellung des Markus? Der See ist der Ort, an dem die Menschen in Galiläa wohnen und arbeiten: Jesus sucht und findet die Menschen in ihrer eigenen Umgebung. Markus zeigt uns Jesus, der auf den Straßen der Welt einhergeht und die Menschen dort abholt, wo sie gerade sind.

2. In welcher Situation beruft Jesus?

Der Evangelist gibt darüber genau Auskunft: am jeweiligen Arbeitsplatz. Dieser Umstand gilt für jeden einzelnen: Er sah sie, als sie „auf dem See ihr Netz auswarfen; sie waren nämlich Fischer" (1,16). Sie sind also am See und gehen ihrer Tätigkeit nach. Jakobus und Johannes sah er ebenfalls „im Boot ihre Netze herrichten" (1,19). Sie sind also nicht nur Fischer, sondern befinden sich beim Fischfang oder treffen gerade die Vorbereitungen dazu. Es fällt auf, wie nachdrücklich der Evangelist feststellt, daß sie sich bei ihrer alltäglichen Arbeit befinden.

Im zweiten Kapitel heißt es ebenso präzis: „Als er" am See „weiterging, sah er Levi, den Sohn des Alphäus, am Zoll sitzen" (2,14). Somit ist auch hier nicht nur von seinem Beruf die Rede – er ist Steuereinnehmer –, vielmehr sitzt er da am Zoll bei seiner Alltagsarbeit.

Markus will damit sagen, daß Jesus die Menschen dort in seine Nachfolge beruft, wo sie sich befinden, in ihrer jeweiligen ganz konkreten Situation, sei es bei einer alltäglichen, unverdächtigen und achtbaren Tätigkeit wie der der Fischer, oder bei einer eher verrufenen und moralisch bedenklichen wie der des Zöllners. Jesus geht zum einen wie zum andern und beruft sie.

In dieser Situation erkennt auch der Taufbewerber seine Berufung, die an ihn – wie an jeden von uns – dort ergangen ist, wo er war, in einer je nach Ort, Milieu, Familie, Gesellschaft und Charakter eigenen Situation. Gott hat uns dort gefunden und berufen, wo wir waren, und uns zum Glauben und zur Nachfolge Christi eingeladen.

3. Wie ruft Jesus?

Hier muß die ausgesprochen persönliche Art und Weise hervorgehoben werden: Jesus beruft in einer einfachen Unterhaltung. Er sieht Simon und Andreas, geht zu ihnen hin, spricht mit ihnen und beruft sie. Er sieht Jakobus und Johannes, geht einfach zu ihnen hin, spricht mit ihnen und beruft sie. Er sieht Levi, den Sohn des Alphäus, geht auch eigens zu ihm, spricht mit ihm und beruft ihn.

Jesus tritt an jeden Menschen heran und läßt ihn dort, wo er ist, das Wort der Hoffnung des Vertrauens vernehmen, das die Berufung in seine Nachfolge ist.

4. Wozu beruft Jesus?

Das wird nicht näher gesagt, es sei denn ganz allgemein, dabei allerdings global: zu seiner Nachfolge: „Kommt her, folgt mir nach (déute opíso mou)" (1, 17); oder: „Folge mir nach (akoloúthei moi)" (2, 14). Jesus ruft also dazu auf, ihm nachzufolgen, seinen Weg zu gehen, und verlangt daher vor allem, daß man ihm über alle Maßen vertraut. Was er weiter sagt, ist geheimnisvoll: „Ich werde euch zu Menschenfischern machen" (1, 17) und bleibt unter dem Schleier der Zukunft. Hier und jetzt muß man sich Jesus restlos anvertrauen. Diese vertrauende Hingabe an Jesus hat die Glaubensunterweisung der Urkirche als unabdingbar verstanden. Ohne sie ist es nicht möglich, den Weg zu gehen, der zur Erkenntnis des Geheimnisses führt.

Der Glaubensschüler hat einen Blick auf Jesus geworfen, auf seine Kirche, hat sich angezogen gefühlt und muß sich jetzt festlegen; sonst wird es ihm nicht gelingen, den Weg zu gehen. Absolutes Vertrauen, völlige Hingabe an die Person Jesu, nicht aber an eine Sache, sind verlangt; denn Jesus sagt nicht: ‚Komm, und tu dies oder jenes,' sondern: ‚Vertrau dich ganz mir persönlich an!'

5. Was bewirkt Jesu Ruf?

Markus erwähnt ausdrücklich die sofortige, unverzügliche Antwort; alle leisten auf der Stelle Folge (vgl. 1,18; 1,20 und auch 2,14).

Diese erste Serie von Anrufen ist für jeden einzelnen von uns die Aufforderung, einmal zu überlegen, wie sehr sich unser Leben durch Jesu Ruf gewandelt hat. Es ist der Ruf, der in der Taufe ergeht: er bildet die Grundlage und Voraussetzung für jeden weiteren Ruf. Er hat uns auf den christlichen Weg gewiesen, eine Route, bei der unsere ganze Existenz eingeschlossen und immer an die Person Jesu gebunden ist.

Hier sollten wir dankbar darüber nachdenken, wie sehr unser Leben auf dem Namen beruht, mit dem Jesus uns in seiner großen Güte ganz persönlich hat rufen wollen, als er uns Gottes Erbarmen brachte und es zum Leib und zum Wort werden ließ.

b) Die Berufung auf dem Berg

Im dritten Kapitel des Markusevangeliums, Vers 13–19, nimmt der Text eine unvergleichlich dichtere und reichere Gestalt an. Betrachten wir zunächst den Text selbst, den Markus gegen das, was ihm vorausgeht, und das, was ihm folgt, absetzt, um seine Bedeutung hervorzuheben. Danach widmen wir uns dem Hintergrund, auf dem der Ruf erfolgt, dem Ort, an dem er erfolgt, d.h. dem Berg, und schließlich den einzelnen Worten der Reihe nach:

- „Jesus rief zu sich,
- die er erwählt hatte,
- und sie kamen zu ihm.
- Und er setzte zwölf ein,
- die er bei sich haben
- und die er dann aussenden wollte, damit sie predigten
- und mit seiner Vollmacht Dämonen austrieben" (3,13–15).

Im ganzen Aufbau des Markusevangeliums hat jedes Wort seine eigene, tiefe Bedeutung.

Zunächst unterscheidet sich der Abschnitt wenigstens dem Ort der Handlung nach deutlich von dem, was vorausgeht, und von dem, was folgt. Es liegt tatsächlich im Vers 13 und im Vers 20 ein Szenenwechsel vor. Im Vers 13 steigt Jesus auf den Berg; im Vers 20 geht er in ein Haus. Handelnde Person ist in beiden Fällen Jesus, der in diesem Gesamtzusammenhang die Hauptrolle spielt. Es wird also ein Ort herausgearbeitet, der sich von allen anderen unterscheidet: hier wird Jesus etwas Besonderes vollbringen.

Den Rahmen, in dem sich ereignet, was in den Versen 13–19 berichtet wird, beschreiben die vorausgehenden Verse, besonders 3,7–12. Hier ist es nicht mehr – wie bei der Berufung am See – das normale Alltagsleben der Menschen an ihrem jeweiligen Arbeitsplatz, sondern ein großes Gedränge von Notleidenden. Es ist gleichsam das Schauspiel einer Kirche im Leid, eines Volkes, das zu Jesus hinströmt – eine ganz andere Situation als die vorausgegangene. Da war es eine ganz private Begegnung; jetzt sind es ganze Scharen, die nach dem Wort und der Person Jesu hungern und dürsten, von der Not getrieben und mit dem brennenden Verlangen, bei ihm ihr Heil zu finden.

Markus, der sich sonst so kurz faßt, hat dies großartig beschrieben: „Viele Menschen aus Galiläa... folgten ihm. Auch aus Judäa, aus Jerusalem und Idumäa, aus dem Gebiet jenseits des Jordan und aus der Gegend von Tyrus und Sidon kamen Scharen von Menschen zu ihm, als sie von all dem hörten, was er tat. Da sagte er zu seinen Jüngern, sie sollten ein Boot für ihn bereithalten, damit er von der Menge nicht erdrückt werde. Denn er heilte viele, so daß alle, die ein Leiden hatten, sich an ihn herandrängten, um ihn zu berühren. Wenn die von unreinen Geistern Besessenen ihn sahen, fielen sie vor ihm nieder und schrien: Du bist der Sohn Gottes! Er aber verbot ihnen streng, bekanntzumachen, wer er sei" (3,7–12).

Hier wird deutlich, wie sich die leidende Menschheit in ihrem ganzen Elend von überallher, und nicht nur aus Galiläa und Judäa, an Jesus herandrängt. Es ist eine großartige Massenszene, in der die Menschheit von allen Seiten zu Jesus strömt, der spricht.

Vor diesem ekklesialen Hintergrund, den wir auch „Heilshintergrund" nennen könnten, steigt Jesus auf den Berg. Was dieser Aufstieg auf den Berg, der den Anfang der Handlung bildet, die wir betrachten wollen, bedeutet, ist nicht leicht zu sagen. Die obengenannten neueren Untersuchungen gehen der Bedeutung nach, die dieser Hinweis haben kann. Wir wissen, daß das Hinaufsteigen im Alten Testament Einsamkeit, ein Sich-Zurückziehen und eine besondere Gelegenheit zum Beten bedeutet. So zeigt Lukas uns Jesus, der sich zurückzieht und auf den Berg steigt, um zu beten.

Bei Markus begegnet uns jedoch ein anderes Schauspiel. Wenn wir es recht verstehen, dann gibt es für ihn keinen Jesus, der all diese Menschen in ihrem Elend läßt und sich in die Einsamkeit zurückzieht. Jesus befindet sich vielmehr am See, und ganz in der Nähe des Sees gibt es – das sieht man auch heute noch – kleine Anhöhen oder Hügel. Er schreitet langsam auf einen dieser Hügel zu, während die Menge ihm folgt. Von diesem Podium aus erhebt er dann seine Stimme, indem er Namen aufruft. Jesus trifft somit gewissermaßen wirklich eine ekklesiale Auswahl. Aus der Menschenmenge, die ihm folgt, beruft Jesus von seinem erhöhten Standort aus geheimnisvoll und feierlich einige wenige. Sicher hebt dieser Aufstieg auf den Berg das Handeln Jesu, das theologisch auch noch mehr bedeuten könnte, besonders hervor. Die nächstliegende Bedeutung dürfte aber die von uns erwähnte sein.

Markus führt uns offensichtlich eine feierliche Szene vor Augen, in der Jesus die Menge zwar nicht allein läßt, sich aber doch irgendwie von ihr distanziert, gewissermaßen zu ihrem besten, sie alle im Blick seiner Liebe behält und die Zwölf beruft. Er erwählt die Seinen nicht in der Einsamkeit, sondern auf dem Höhepunkt seines Wirkens in der Menschenmenge, die bei ihm Hilfe sucht. So kann man schon aus der Art der Darstellung die apostolische und ekklesiale Bedeutung dieser Erwählung ablesen.

Jesus steigt auf den Berg und „ruft zu sich (proskaleítai), die er wollte (éthelen), und sie kamen (apélthon) zu ihm." Der Evangelist gebraucht hier drei verschiedene grammatische Zeiten: Präsens, Imperfekt und Aorist. Das Präsens: Jesus ruft. Dieses Verb ist für Markus typisch, der es neunmal benutzt (bei Johannes kommt es überhaupt nicht vor). Markus bedient sich dieses Verbs allerdings normalerweise in partizipialer Form, doch hier und im Kapitel 6,7 kommt es in seiner finiten Form vor, als Verb, das eine Handlung schildert.

Was besagt, rein äußerlich gesehen, dieses Verb? Die Handlung wird, wie folgt, geschildert: In der riesigen Menge mit ihren Kranken, Krüppeln und Menschen, die Schreie ausstoßen, ruft Jesus laut die

Namen der Zwölf auf, winkt ihnen, und sie verlassen die anderen und kommen zu ihm. Von außen betrachtet, werden nur ein paar Namen feierlich aufgerufen. Aber unter dem Gesichtspunkt der Einstellung, in der es gesagt wird, enthält dieses Verb eindeutig den Gedanken der Unterordnung. So ruft nur, wer Autorität über andere besitzt.

Ein typisches Beispiel für die Verwendung des Verbs mit dieser Nebenbedeutung finden wir bei Markus im Kapitel 15,44, wo Pilatus Überraschung zeigte und „den Hauptmann kommen ließ ...", usw., d.h., der Vorgesetzte, der einen Untergebenen zum Rapport bestellt. Wahrscheinlich schwingt außer dem Gedanken der Unterordnung auch so etwas wie Bevorzugung mit, ein besonderes Verhältnis zu Jesus, das mit der auswählenden Berufung gegeben ist. Jedenfalls ist die Bevorzugung im folgenden Versteil ganz klar: „..., die er wollte". Hier kommt die souveräne Freiheit der Berufung zum Ausdruck. Ja, man darf wohl dieses „er wollte" nicht so sehr im Sinne von „diejenigen, die ihm gefielen", oder „diejenigen, an die er gedacht hatte", verstehen, sondern muß es eher im Sinn des hebräischen Verbs verstehen: „diejenigen, die er im Herzen trug". Das beste Beispiel dafür finde ich bei Matthäus 27,43 in einem Zitat aus dem Alten Testament, Psalm 22,9. Der Mob, der Jesus am Kreuz verhöhnt, ruft: „Er hat auf Gott vertraut: der soll ihn jetzt retten, wenn er an ihm Gefallen hat (griechisch: ei thélei – wenn er ihn will, dasselbe Verb wie Mk 3,13: éthelen).

Jesus ruft also diejenigen, die er will, die ihm am Herzen liegen, für die er eine Vorliebe hat. Das „autós – er selbst" unterstreicht das noch einmal: diejenigen, die er selbst wollte. Grammatisch war das autós überflüssig, denn der Satz ist auch so klar, aber mit dem nachdrücklichen „die er selbst wollte" wird unterstrichen, daß hier keine Eigenschaft, keine Schönheit oder ein sympathisches Aussehen dessen, der berufen wird, den Ausschlag gibt, sondern er allein, dem sie am Herzen liegen und der sie erwählt. Diese seine Liebe ist die treibende Kraft seines Handelns. Im Imperfekt „die er wollte", „die ihm am Herzen lagen", schwingt vielleicht noch etwas mit: die Stärke seines Empfindens. Eben diese Nuance des Imperfekts liegt in einem genau entgegengesetzten Fall im Kapitel 6,19 vor: „Herodias verzieh ihm (Johannes) das nicht und wollte (éthelen) ihn töten lassen", d.h. sie nährte schon lange in ihrem Herzen diesen Wunsch mit wahrer Inbrunst. Hier hingegen trägt Jesus mit leidenschaftlicher Liebe die Seinen im Herzen. Und deshalb ruft er sie, er selbst, ganz persönlich.

Und das ist ihre Antwort: „Und sie kamen zu (pros) ihm." Markus bedient sich hier nicht der üblichen Ausdrucksweise wie bei den ersten Berufungen „Sie folgten ihm"; d.h. der Meister geht voraus, und der Jünger, der Christ, folgt ihm. Er sagt nicht: „Sie gingen hinter ihm her", oder „sie folgten ihm", sondern sie gingen „zu ihm", umgaben ihn. Diese Verwendung von „pros" mit einem Verb der Bewegung ist selten. Normalerweise nimmt man „eis", um die gehende Bewegung auf einen Ort hin auszudrücken. „Pros" nimmt man nur für Personen und deutet so an, daß es um die Schaffung eines engen persönlichen Verhältnisses geht.

„Pros auton" besagt wirklich, daß man sich jemandem beigesellt, nicht nur physisch zu ihm hingeht, sondern bei ihm bleibt. Deshalb sagt Markus auch: „Sie kamen" (apélthon). Die griechische Vokabel für „kommen" besagt, wenn ihr „apó" vorausgeht, daß man die eine Position verläßt, um eine andere einzunehmen. Die Apostel verlassen ihre gewohnte Position mitten unter den Leuten, um sich eng an Jesus anzuschließen, ganz bei ihm zu sein.

Es ist interessant, daß Markus hier kein Verb verwandt hat, das eine innere Haltung ausdrückt, wie etwa „sie gehorchten ihm", sondern statt dessen sagt: „Sie bewegten sich", sie verließen ihren Platz und kamen dorthin, wo er war. In der ganzen Schilderung wird uns diese konkrete Sicht auffallen: hier ist nicht nur von innerer Zustimmung die Rede, sondern eben davon, daß man sich in die Situation begibt, in der Jesus sich befindet.

Im Vers 14 kommt die Wendung „und er machte zwölf" (er setzte zwölf ein) vor. Diese Wendung ist auch im Griechischen sehr merkwürdig. Sie wird noch, wenn auch nicht in allen Handschriften, ergänzt mit den Worten: „... die er Apostel nannte". Dann folgt: „... die er bei sich haben und die er dann aussenden wollte, damit sie predigten und mit seiner Vollmacht Dämonen austrieben." Schon die Übersetzung läßt die Härte der Aneinanderreihung und Häufung dieser Wendungen erkennen, von denen jede ihren tiefen Sinn hat.

„Er machte zwölf." Das ist sicher ein starker Ausdruck, denn er kann besagen: „Er setzte zwölf ein." Einige Exegeten verstehen ihn sogar als „er schuf zwölf," als ob man mit diesen Zwölf ein Volk neuschaffe. Sicher darf man dem Text nicht zuviel Gewalt antun, aber das Verb bietet sich für eine Fülle von Bedeutungen an.

Worum geht es nun beim „Machen der Zwölf"? Das wird in zwei Worten gesagt:

a) „... die er bei sich haben wollte", und das ist das eigentliche Anliegen der Wahl, der Aussage und des Willens Jesu. Was heißt dieses Bei-ihm-Sein? Es überrascht doch, daß es in dieser großen Szene darum gehen sollte, daß die Zwölf bei ihm bleiben: aber genau darauf liegt in diesem Abschnitt der Hauptakzent.

Sie sollen bei ihm bleiben, vor allem kraft ihrer leibhaftigen Gegenwart. Sie sollen ihn also begleiten. Hier sei angemerkt, daß die Türhüterin des Kajaphas, als sie sich an Petrus wendet, um ihn anzuzeigen, nicht sagt: „Du warst ein Jünger," sondern: „Auch du warst mit Jesus zusammen" (14,67). Somit zeigt sich, daß das eigentliche Merkmal dieser Menschen nicht so sehr darin bestand, zur geistigen Anhängerschaft zu gehören, sondern zu denen, die persönlich immer bei ihm waren.

Dieses Bleiben ist das Erste, wozu Jesus beruft, und vielleicht dürfen wir in dieses Bei-ihm-Sein sogar noch mehr hineinlesen, wenn wir bedenken, daß die typische Bundesformel so lautet: „Gott bei uns und wir bei Gott". In diesem einfachen Miteinander konstituiert sich das Volk des Neuen Bundes, der im „Gott bei uns und wir bei Gott" seinen Ausdruck findet. Schließlich sei noch bemerkt, daß die Verbalform im Konjunktiv (hína ósin) nichts anderes als die Beständigkeit des Verhältnisses besagt: damit sie ständig bei ihm bleiben. Das heißt also: nicht, um seine Jünger zu werden, nicht, um ihn aufzunehmen, zu akzeptieren, ihm zu gehorchen. Sondern vor allem das leibhaftige Verweilen wird betont: allein darum geht es bei dem Ruf, der Auswahl und der Erwählung.

Aus dem Bei-ihm-Sein ergibt sich dann das andere Wort, das zum Ausdruck bringt, warum er „zwölf machte",

b) ... die er dann aussenden wollte, damit sie predigten. Beachten wir, daß es auch hier nicht heißt: Sie sollen bei ihm bleiben und predigen; sondern es heißt ausdrücklich, daß er es ist, der sie zur Predigt aussendet. Mit anderen Worten: immer ist es Jesus, von dem in der Wechselbeziehung zwischen Christus und den Seinen der Anstoß ausgeht.

Der heilige Paulus stellt im Römerbrief 10,15 hinsichtlich der Verkündigung sozusagen die technische Verbindung zwischen „aussenden" und „predigen" her. Somit ist es Jesus, der sie aussendet, damit sie predigen, verkünden, rufen.

Was sollen sie predigen? Alles, was im Markusevangelium steht. Schon vorweg läßt sich sagen: sie sollen ihn verkünden, das Geheimnis des Reiches,

Christus. Jetzt wird klar, warum sie bei ihm sind: sie bleiben bei ihm, weil sie Zeugnis für ihn geben sollen. Sie sind nicht bei ihm, weil sie unterwiesen und dann ausgesandt werden müßten, um das Gelernte wiederzugeben, sondern damit sie ihn in einer Lebensgemeinschaft durch und durch kennenlernen und dann für ihn Zeugnis geben können.

Wir sehen, wie sehr die Bedeutung des Apostolats als persönliches Zeugnis hervorgehoben wird.

Die andere Gegebenheit, die in diesem Bei-ihm-Sein ihren Ursprung hat, ist der Besitz der Vollmacht, Dämonen auszutreiben. Es heißt nicht: das Dämonenaustreiben, sondern der Besitz der Vollmacht, das zu tun. Auch hier hat jedes Wort seine Bedeutung. So wird zum Beispiel der Begriff exousía (Vollmacht) bei Markus nur für Jesus und die Zwölf verwandt. Nur Jesus und die Zwölf besitzen Vollmacht schlechthin. Im Markusevangelium 1,22 heißt es, daß die Lehre Christi eine neue Lehre in Vollmacht ist.

Die Wendung „Dämonen austreiben" ist für Markus sehr wichtig, weil sie mittelbar durch die Exorzismen und deren Bedeutung auf den Kampf hinweist, den Jesus gegen das Böse führt. Sie faßt also das ganze Wirken Jesu zusammen, zu dem er die Seinen hinzuzieht. Derselbe Ausdruck kommt später wieder vor (6,7), als Jesus die Seinen als Missionare aussendet. Verkündigung und Kampf gegen das Böse hängen somit eng zusammen. Es geht hier nicht um Verkündigung abstrakter Wahrheiten und dann um Werke der Wohltätigkeit, sondern um eine Verkündigung, die sich in Vollmacht auswirkt (vgl. Mk 1,22).

Beschließen wir diese Betrachtung mit einem letzten Hinweis: Was sollen die Zwölf bei Mk 3,14f tun? Sie sollen predigen und Dämonen austreiben. Wie wird später, bei Mk 6,12f, ihre Tätigkeit beschrieben? Da heißt es, daß sie gepredigt und Dämonen ausgetrieben haben.

Was sind demnach im Grunde die Jünger? Sie sind nicht nur die Nacherzähler dessen, was sie gehört haben, sondern sie sind das Handeln Jesu, das sich ausweitet und fortsetzt. So wird uns erneut klar, wie wichtig es ist, bei Jesus zu sein, nicht nur, um das eine oder andere Wort nachzureden oder ein paar Sätze aufzufangen, sondern um seine Weise zu leben und zu handeln sich zu eigen zu machen, um sie zu bezeugen und in derselben Weise zu wiederholen.

So hat Jesus die Seinen vorbereitet, und so bereitet er alle vor, die in der Kirche dazu berufen sind, immer beim Herrn zu sein.

Vierte Betrachtung

Die Krise im Wirken Jesu in Galiläa (Die Saatgleichnisse)

Diese Betrachtung richtet sich auf das vierte Kapitel des Markusevangeliums, das sogenannte „Kapitel der Gleichnisse", von denen drei den Hauptinhalt bilden:

1. Das Gleichnis vom Sämann und seine anschließende Deutung,
2. das Gleichnis vom Wachsen der Saat und
3. das Gleichnis vom Senfkorn.

Diese Gleichnisse scheinen die Grundbestanteile der ältesten literarischen Einheit zu sein, aus der das vierte Kapitel hervorgegangen ist. Ihnen hat man dann noch zwei kurze Gleichnisse beigegeben – das vom Licht unter dem Scheffel und das Gleichnis vom Maß –, offenbar, um alle beieinander zu haben.

Wir fragen uns: Welchem Punkt des Weges der Zwölf mit Jesus entspricht die Botschaft der Gleichnisse? Welcher Schwierigkeit will sie begegnen? Auf welchen Augenblick des Zuges der Apostel mit dem Herrn zielt sie ab?

Mit großer Wahrscheinlichkeit entspricht die Botschaft der Gleichnisse des vierten Kapitels einem

Augenblick der Krise im Wirken Jesu. Deshalb müssen wir:

a) vor allem die Krise im Wirken Jesu kurz analysieren;

b) sodann zusehen, wie sie sich in der Krise des Taufbewerbers, der in der Urkirche dieses Evangelium liest, widerspiegelt und wie sie weiterwirkt;

c) überlegen, wie diese Krise sich bei uns bemerkbar machen kann, und

d) schließlich festzustellen versuchen, was die Gleichnisse zu sagen haben für diesen Augenblick der Krise, der für die Unterweisung der Zwölf in der Nachfolge Jesu unerläßlich ist, und wie sie ihm begegnen wollen.

a) Die Krise im Wirken Jesu in Galiläa

Die Exegeten sind sich darin einig, daß nach einer Zeit der Anfangserfolge Jesu Wirken auf immer größere Schwierigkeiten stieß. Markus deutet darauf an etlichen Stellen hin. Da sind zunächst die Schwierigkeiten im Verhältnis zu seinen Mitbürgern, von denen in Mk 6,3 ff die Rede ist, wo Jesus bei den Nazarenern Anstoß erregt und von ihnen abgelehnt wird. Das greift dann um sich und gilt nicht nur für Nazaret. Es kommt der Augenblick, da Jesus sich zu Reaktionen wie dieser veranlaßt sieht: „Da seufzte er tief auf und sagte: Was fordert diese Generation ein Zeichen? Amen, das sage ich euch: Dieser Generation wird niemals ein Zeichen gegeben werden. Und er verließ sie ... und fuhr ans andere Ufer" (8, 12 f).

Hier handelt es sich offensichtlich um einen Konflikt, ja, um einen Augenblick des Zornes. Jesus findet kein Verständnis, seine Botschaft trifft auf taube Ohren. Er wendet sich um und geht.

Übrigens verstehen ihn im Grunde nicht einmal die Apostel, und so kann Jesus nach ein paar Versen in einem Abschnitt, den wir schon gelesen haben, den bitteren Vorwurf wiederholen: „Begreift und versteht ihr immer noch nicht? Ist denn euer Herz verstockt? ... Erinnert ihr euch nicht: Als ich die fünf Brote für die Fünftausend brach, wie viele Körbe voll Brotstücke habt ihr da aufgesammelt?... Versteht ihr immer noch nicht?"

Jesus zieht nicht von Triumph zu Triumph. Nach der ersten großen Begeisterungswelle, die in 3,7, wo von einer „großen Menschenmenge" die Rede ist, eigens erwähnt wird, legt sich diese Begeisterung allmählich aus verschiedenen Gründen. Soviel ist aus verschiedenen Äußerungen Jesu klar: Etliche unter seinen Anhängern entsprechen nicht den Erwartungen Jesu; es sind Menschen, die aus äußeren Gründen aufgeben und nicht zum Wesentlichen vorzudringen vermögen. Das ergibt sich aus dem eindringlichen Wort Jesu: „Wer Ohren hat zum Hören, der höre!" (4,9). Es sind Menschen, die nicht das rechte Verständnis haben, Menschen, die sehen und nicht erkennen, hören und nicht verstehen und sich daher nicht bekehren und keine Vergebung erlangen.

Jesus müht sich, Verständnis für seine Botschaft zu finden. Anfangs geraten die Menschen in den Sog seiner gewaltigen Zeichen; doch geht es dann darum, die Konsequenzen zu ziehen, schrecken viele zurück. So stoßen wir in späteren Kapiteln auf Feststellungen, die wiederum recht negativ und pessimistisch klingen: „... Dieses Volk ehrt mich mit den Lippen, sein Herz aber ist weit weg von mir" (7,6).

Noch ausführlichere Erklärungen, die für viele andere Hörer gelten, finden sich in 9,19: „O du ungläubige Generation! Wie lange muß ich noch bei euch sein? Wie lange muß ich euch noch ertragen?" Sie lassen erkennen, daß Jesus bei seinem Wirken nicht immer Erfolgserlebnisse hatte. Oder der harte Tadel von 8,38: „Wer sich vor dieser treulosen und sündigen Generation meiner und meiner Worte schämt, dessen wird sich auch der Menschensohn schämen..."

So ist bei Markus vom Ende des dritten Kapitels an ein persönlicher Prestigeverlust Jesu zu beobachten. Allmählich widersetzt man sich ihm und lehnt ihn ab. Und schon bald, in Kapitel 3,6, faßt man die ersten Pläne, ihn umzubringen. Der Widerspruch beginnt bei den Pharisäern, dehnt sich dann aber auch auf die einfachen Leute aus, bis er zur völligen Ablehnung wird. Im Gleichnis von den Winzern, Mk 12,10, ist es dann so weit, daß Jesus sich den Stein nennt, den die Bauleute verworfen haben. Er spürt, wie sein Leben sich einem Ende im Mißerfolg nähert, wie man es ablehnt und verwirft. Die

Ablehnung wird in 15,14 zum Aufschrei, als Pilatus fragt, was für ein Verbrechen er begangen habe, und die Menge immer lauter ruft: „Kreuzige ihn!"

Das Markusevangelium verschweigt also keineswegs, daß Jesus sich auf seinem Weg nach einem ersten Augenblick der Begeisterung und des Erfolgs gegen wachsendes Mißtrauen wehren mußte, wobei immer mehr Menschen sich von ihm trennten und abrückten, bis er von der Mehrheit seines Volkes verworfen wurde.

Diese Erfahrung müssen auch die Zwölf seit dem Tag machen, an dem sie begeistert aus der Menge herausgerufen wurden, um Jesus zu folgen. Es klingt im Evangelium an: auch sie machen die schmerzliche Erfahrung der Krise im Wirken Jesu. Als Petrus, zum Beispiel, in 8,32 dem Herrn Vorhaltungen zu machen beginnt, zeigt er, wie sehr er darunter leidet, daß es ihm einfach nicht gelingt, den Sinn der Ereignisse zu verstehen. Bei dieser Gelegenheit wird er auch für alle anderen Apostel vorstellig, als sagten sie: So geht es aber nicht! Dafür sind wir dir nicht gefolgt. Es war doch etwas ganz anderes, was du uns versprochen hast oder zu versprechen schienst. In 9,32 sind sie ebenso ratlos, als Jesus von seinem bevorstehenden Leiden spricht, und sie nichts von seiner Rede verstehen, sich aber scheuen, ihn zu fragen.

Ähnlich verhält es sich im 10. Kapitel, Vers 32, als Jesus den Jüngern voraus nach Jerusalem zieht. „Sie wunderten sich über ihn und hatten Angst." Es scheint somit klar zu sein, daß auch die Apostel

Ratlosigkeit und Unbehagen erfaßt; noch halten sie bei ihm aus, aber sie fragen sich, warum die Dinge sich so entwickeln und was da eigentlich gespielt wird; damit hatten sie nicht gerechnet.

b) Die Krise des Glaubensschülers in der Urkirche

Wie empfindet der Taufbewerber, der dieses Evangelium liest und darin die Beschreibung des Weges findet, den er in der Nachfolge des Herrn gehen soll, bei sich diese Krise im Wirken Jesu in Galiläa?

Dazu ist zunächst zu sagen, daß auch der Taufbewerber in der Urkirche nach seiner großherzigen Antwort auf den ersten Ruf, der der Berufung am See entspricht, seine Krise erlebt; sie ist sogar notwendig.

Worauf ist nach der Begeisterung des Anfangs die Krise des Taufbewerbers zurückzuführen? Die Gründe sind leicht zu verstehen, wenn wir uns die Situation des Taufbewerbers vergegenwärtigen, der aus der Welt des Heidentums mit ihrer ehrwürdigen Tradition, ihrer Kultur, ihrer festgefügten Gesellschaftsordnung kommt, zu der kleinen Herde derer stößt, die an Christus glauben, und sich fragt: Warum glauben und bekehren sich denn nur so wenige? Warum stellt dieses Wort Gottes – wenn es wirklich Gottes Wort ist –, die Welt nicht auf den Kopf und ändert sie nicht mit einem Schlag?

Dann erhebt sich die Frage, die für die Konvertiten aus dem Judentum noch schmerzlicher, bitterer und unlösbarer sein mußte: Warum hat unser Volk das Wort nicht angenommen? Warum gibt es die Massenbekehrung nicht, die wir auf Grund der Verheißungen erwartet hatten? Es ist das Problem, das auch den heiligen Paulus bedrängte und beständig anfocht: Aber warum ändert und bekehrt das Wort Gottes – wenn es Gottes Wort ist –, nicht das Herz des ganzen Volkes?

Für die Juden wie für die Heiden gab es noch andere Probleme, die aus den Paulusbriefen ersichtlich werden: Warum ein gekreuzigter Messias? Warum eine so dunkle, so schmerzliche Botschaft, die so ganz anders ist als die, die unser Milieu uns anbietet?

Wir sehen also, wie auch in der Urkirche der Taufbewerber, wenn er sich einmal zur Nachfolge Jesu bereitgefunden hatte, eine Glaubenskrise durchmacht. Sie entspricht der Krise, die Jesus selbst und auch die Apostel erfahren haben. Diese Krise besteht im Grunde in der Frage: Warum verändert das Wort Gottes nicht auf der Stelle die Welt, warum verwandelt es sie nicht sofort?

c) Unsere Krise

Vor diesem Hintergrund sollten wir auch über unsere eigenen Glaubensschwierigkeiten nachdenken; Schwierigkeiten, die alle durchstehen müssen, die am See oder auf dem Berg den Ruf vernommen und ihm Gehör geschenkt haben. Ich glaube, die Krisen, die unser Glauben zu bestehen hat, gleichen denen, die Jesus, die Seinen, seine Umgebung, die Christen der Urgemeinde und alle durchgestanden haben, die ihm folgen.

So können sich im Hinblick auf unsere eigene Situation Fragen ergeben wie: Warum läßt Gott mich nicht besser werden? Warum bleiben wir nach all den Jahren asketischen Bemühens und pflichtgetreuen Einsatzes, des Gebetes und der Betrachtung immer dieselben, behaftet mit denselben kleinen Fehlern, denselben kleinen Schwierigkeiten, als ob wir immer noch am Anfang des geistlichen Lebens stünden? Warum hat Gottes Wort uns nicht umgestaltet?

Und wenn wir uns dann einmal umschauen, kann uns die Frage kommen: Warum verändert das Evangelium die Welt nicht? Warum bleibt mein Apostolat so steril? Warum zieht unsere Botschaft keine Hörer an? Warum findet sie bei den Menschen nicht gleich Widerhall, d.h., warum versteht man sie nicht sofort, so daß man sie sich zu eigen macht und in die Praxis umsetzt? Warum entspricht dem gut verkündeten Hirtenwort nicht gleich die Antwort der Menschen? Warum kann man kein pastorales Programm aufstellen, das schnell zu Ergebnissen führt, die uns erlauben, ein noch intensiveres Programm mit neuen und immer besseren Ergebnissen durchzuführen?

In besonderen, dramatischen Augenblicken unseres Lebens steigen dann weitere Fragen in uns auf: Welchen Sinn hat das Leiden? Welchen Sinn hat dieser frühe Tod, der jähe Abbruch eines so reich gesegneten seelsorglichen Wirkens? Warum scheint Gott an Menschen auf dem Gipfel ihrer Schaffenskraft und ihrer Produktivität nichts zu liegen?

Das alles sind Situationen, in denen wir immer wieder sagen können: Warum muß es im Reich Gottes so zugehen; warum steht die Macht des Wortes in keinem direkten Verhältnis zu seiner Verwirklichung?

So und ähnlich äußert sich diese unablässige Läuterung des Glaubens, die in den Zwölf, in der Urkirche und in jedem von uns vor sich geht.

d) Die Antwort der Gleichnisse

Die *drei* Gleichnisse, die vom Samenkorn handeln, geben Antworten, jedes auf seine Art, auf die Grundfrage, warum das Wort Gottes nicht auf der Stelle Frucht bringt, die Welt, die andern und mich selbst nicht verwandelt usw.

Das *erste* Gleichnis, das vom Sämann (4,1–9), lehrt im Grunde, daß das Wort Gottes nicht von selbst Frucht bringt. An sich ist das Wort Gottes gut und würde, richtig vorgetragen, auch Frucht bringen; aber das hängt nicht nur vom Wort ab, sondern auch vom jeweiligen Erdreich, von der jeweiligen Antwort. Das ist ein wesentlicher Gesichtspunkt in bezug auf das Geheimnis des Gottesreiches, zu dessen Deutung man keine Leistungsmaßstäbe heranziehen darf, als brächte man in bestimmtem Umfang Mittel ins Spiel und erzielte dann die entsprechenden Ergebnisse. Es ist ein dialogisches Geheimnis, in dem ein Angebot ergeht, das man annehmen oder unbeachtet lassen, nur flüchtig in Betracht ziehen oder zurückweisen kann. Es ist ein Geheimnis, das die Apostel auf Grund ihrer Berufung durch ihr Verweilen beim Herrn leben sollen. Tag für Tag sollen sie feststellen, daß das Reich Gottes auf Grund dieses unscheinbaren Angebotes seinen Weg nimmt, das als Angebot auch von vornherein das Risiko enthält, daß man es vernachlässigt, nicht beachtet, nicht annimmt oder gar abweist.

Und die Apostel müssen mit Jesus dieses Geheimnis des unscheinbaren Samenkorns des Reiches leben, das, obgleich es Wort Gottes und somit das Vollkommenste, Heiligste und Mächtigste überhaupt ist, doch auch auf felsigen Boden, unter die Dornen oder auf ungeeignetes Erdreich fallen kann und Voraussetzungen vorfindet, unter denen es keine Furcht bringen kann.

Wir könnten uns wohl mit der Urkirche bei der eingehenderen Deutung des Gleichnisses vom Sämann die Frage stellen, welche Gegebenheiten das Fruchttragen verhindern.

Das Gleichnis nennt drei: Die Saat, die von den Vögeln aufgepickt wird; die Saat, die auf felsigen Boden fällt und keine Wurzeln schlägt, und die Saat, die unter die Dornen fällt und erstickt. Auf diese drei Hauptschwierigkeiten stößt die Verkündigung des Evangeliums immer wieder. Mag sie noch so heilig, gut und seelsorglich richtig vorgetragen sein: Oft bringt sie keine Frucht.

Die *erste* Schwierigkeit – die von den Vögeln aufgepickte Saat – wird mit der Erwähnung des Satans erklärt: „Sofort kommt der Satan und nimmt das Wort weg, das in sie gesät wurde." Was ist mit diesem Auftreten des Satans gesagt?

Wenn wir die Gestalt des Satans an anderen Stellen des Markusevangeliums betrachten, z. B. bei der Zurechtweisung des Petrus durch Jesus in 8,33, stellen wir fest, daß im Herzen des Satans für das Begreifen der Wege Gottes kein Platz ist. Er ist nicht in der Lage, den Kreuzweg zu begreifen, und verlangt daher nach immer größeren Erfolgen. Der Taufbewerber, der das Christentum als Chance, mehr zu sein, mehr zu gelten, zu größerem Ansehen und größerem Einfluß zu gelangen, nutzen möchte, ist wie die Saat, die die Vögel fressen. Er muß einsehen, daß dies der verkehrte Weg ist, daß er sich verlaufen hat und umkehren muß.

Die *zweite* Schwierigkeit – die Saat ohne Wurzeln – schildert die Situation, in der das Wort nur rein äußerlich aufgenommen worden ist auf Grund gewisser ästhetischer Reize, die ihm eigen sind, vielleicht auch aus einem gewissen Snobismus heraus. Doch hat man es nicht mit der tiefen Treue zu Christus, mit der ganz persönlichen Liebe zu ihm angenommen, die man besitzen muß, um es zu bewahren, ohne an ihm Anstoß zu nehmen. Diese Verwurzelung in Christus, von der der heilige Paulus im Kolosserbrief 2,7 schreibt, könnte das sein, womit die Urkirche ihre Wurzeln erklärte: man muß tief in ihm und in der Liebe zu ihm verwurzelt sein, damit die Suche nach ihm keine Mode des Augenblicks wird, sondern etwas Bleibendes und Tiefes, das vor dem Ärgernis nicht zurückschreckt.

Die *dritte* Schwierigkeit – die erstickte Saat – betrifft ziemlich viele Menschen. Sie besteht aus den Sorgen des Alltags und den Verlockungen der Habsucht, der Macht und des Besitzes. Für sehr viele sind schon die Sorgen um Verdienst ein Hindernis für das Wort. Auch sonst spielen die Alltagssorgen eine große Rolle, die sogar in der Rüge Marta gegenüber zur Sprache kommen, wenngleich sie doch nur für Jesus das Essen richtete: „Marta, du machst dir viele Sorgen und Mühen" (Lk 10,41). Das Urteil über den schädlichen Einfluß allzu großer Sorgen fällt also – wollen wir den Worten Jesu wirklich Sinn und Wert beimessen – sehr hart aus.

Zusammenfassend ist zu sagen: Das Wort bringt nicht von selbst Frucht, sondern richtet sich trotz seines göttlichen Wesens demütig nach der jeweiligen Beschaffenheit des Erdreichs oder, besser gesagt, es findet sich ab mit den Antworten, die der Boden ihm gibt. Und diese sind oft negativ. So erklärt Jesus den Aposteln, warum das Wort seiner Predigt keine Wirkung hervorbringt. Es fehlt eigentlich nicht seinem Wort an Kraft, aber man nimmt es nicht auf. Dieses Gleichnis soll Jesus in den Augen der Seinen rechtfertigen, die beim ihm gern größeren und gewissermaßen selbstverständlichen Erfolg sähen.

Das *zweite* Gleichnis – vom Wachsen der Saat – ist, wie so oft im Evangelium, die Umkehrung des vorigen. Das erste hat uns deutlich gemacht, daß das Wort nicht von selbst Frucht trägt; hier hingegen heißt es ausdrücklich, es wachse „spontan", von selbst (4,28).

Dieses Gleichnis soll den Aposteln in ihrer Sorge um die Abweisung des Wortes sagen, daß das Wort zu seiner Zeit Frucht trägt. Man muß nur darauf vertrauen, daß das ausgesäte Wort sich von selbst entwickelt. Werft es also mutig aus, ohne Zögern und ohne euch einzureden, der Boden tauge nichts und man müsse günstigere Verhältnisse abwarten. Es wäre falsch zu glauben, das Wort hänge von einem selbst ab. Es muß nur ausgesät werden, danach kann man in Ruhe abwarten.

Während das erste Gleichnis uns zu einer realistischen Haltung führen will, leitet dieses zum absoluten Vertrauen an, daß das Wort von selbst Frucht tragen wird. Man braucht es nur mutig, geduldig und beharrlich auszusäen.

Auch das *dritte* Gleichnis – vom Senfkorn – ist auf diese Situation gemünzt.

Die Apostel, die sich um Jesus geschart haben, sehen auf einmal, daß ihre Schar klein bleibt und nicht wächst, daß viele Menschen den Meister nicht ernst nehmen. Und Jesus beantwortet ihre unausgesprochenen Fragen mit dem Gleichnis vom Senfkorn, dem kleinsten aller Samenkörner. Fürchtet euch nicht, sagt er, das Reich Gottes fängt klein an.

Verlangt nicht wer weiß wie große Erfolge; gebt den Dingen Zeit, sich allmählich zu entwickeln: dann werden kleinste Samenkörner und unsichtbare Anfänge zum großen Erfolg führen, zum Reich Gottes.

Im Grunde fordert Jesus von den Aposteln eine Blankovollmacht, absolutes Vertrauen in seine Person: folgt mir nach! Ihr seht, es steht nicht gut; ihr habt von einem Meister geträumt, der die Massen in seinen Bann zieht, und merkt nun, daß ich das nicht bin. Das liegt nicht an mir, sondern daran, daß das Reich ein Angebot von Person zu Person darstellt. Aber Gottes Reich ist Gottes Macht, und daher ist seine Entwicklung nicht aufzuhalten. Aus wenig wird Gott viel machen; aus dem Allerkleinsten wird Unermeßliches entstehen.

Jesus lehrt die Seinen – und die Urkirche gibt diese Lehre an die Taufschüler weiter –, die Augen vor dem zu schließen, was nur, weil man es sieht, wirklich zu sein scheint, und auf das zu richten, was ist, nämlich auf die geheimnisvolle Wirklichkeit des Gottesreiches, dessen Früchte in der Stille reifen, während wir es nicht bemerken. Es trägt Frucht zur rechten Zeit.

Fünfte Betrachtung

Jesus am Werk

Wenden wir uns nun einer Begebenheit im Leben Jesu zu, die im neunten Kapitel, Vers 14–29, des Markusevangeliums berichtet wird. Sie macht an einem typischen Beispiel deutlich, wie Jesus vorgeht, wenn es schwierig wird. In dieser Betrachtung wollen wir zu erkennen suchen, wie Jesus spricht, handelt, wie er sich bewegt, wie er sich gibt, in einem Wort: wir wollen Jesus am Werk sehen.

Die Perikope Mk 9, 14–29 ist der ausführliche Bericht eines Ereignisses mit allen Einzelheiten, der auf eine historische Begebenheit im Leben des Herrn zurückgeht. Warum hat man diese Begebenheit in den Gemeinden der Urkirche mit soviel Liebe zum Detail überliefert? Sicherlich deshalb, weil man in der Urkirche viele Exorzismen vorgenommen hat, die nicht immer zum Erfolg führten. Der Bericht von der Heilung des besessenen Jungen soll also dem Mißerfolg entgegenwirken, damit man mit dem Ärgernis der gescheiterten Exorzismen fertig wird. Der Bericht will also zeigen, daß der Exorzist sich nicht zuviel zutrauen darf, da auch die Apostel versagt haben; der Exorzist darf sich auf seine Macht nichts einbilden, denn auch ihm ist das Versagen sicher, wenn er nicht die Voraussetzungen mitbringt, um die es hier geht.

Wahrscheinlich enthält der Bericht aber auch einiges, was an eine Taufkatechese denken läßt; d.h., Markus will wohl dem Katechisten helfen, auf einige Aspekte der Taufe hinzuweisen. Dieser Bericht läßt sich in sechs Abschnitte einteilen.

a) Die Szene (Mk 9,14–16)

Die Szene ist ganz genau aufgebaut. Eine Folge von anschaulichen Bildern weckt das Interesse des Lesers.

Nach der Verklärung steigt Jesus mit den drei Aposteln den Berg hinab, kommt wieder zu den andern und sieht eine große Menschenmenge, Schriftgelehrte im Streitgespräch und Menschen in Aufregung, die ihm, sobald sie ihn sehen, entgegenlaufen und ihn begrüßen. Dieses Durcheinander läßt erkennen, daß etwas passiert ist, was alle berührt. Und Jesus fragt die Apostel: „Warum streitet ihr mit ihnen?"

b) Der Fall (Mk 9,17f)

Der Vater des Jungen schildert, was passiert ist: „Meister, ich habe meinen Sohn zu dir gebracht. Er ist von einem stummen Geist besessen; immer wenn der Geist ihn überfällt, wirft er ihn zu Boden, und meinem Sohn tritt Schaum vor den Mund, er knirscht mit den Zähnen und wird starr. Ich habe schon deine Jünger gebeten, den Geist auszutreiben, aber sie hatten nicht die Kraft dazu."

Ein schwieriger, tragischer Fall, der uns in seiner Aussichtslosigkeit bewegt, ist es doch den Aposteln nicht gelungen, den Dämon auszutreiben. Daß sie hier nichts auszurichten vermögen, könnte auch dazu führen, ihre Verkündigung in Frage zu stellen. Der Fall wird um so ernster, wenn man darüber hinaus bedenkt, daß Jesus die Zwölf erwählt hat, um sie bei sich zu haben, sie zur Predigt auszusenden und ihnen Vollmacht zur Austreibung von Dämonen zu geben. Sie versagen also in ihrer eigentlichen Sendung. So ist die Lage der Apostel tatsächlich dramatisch.

c) Wie Jesus reagiert (Mk 9, 19f)

Die erste Reaktion Jesu (Vers 19) sieht wie ein heftiger Zornesausbruch aus. Sie ist ernst, scheint sie doch zu besagen: ‚Bei euch kann ich nicht mehr bleiben.' Das Verweilen Jesu bei den Menschen und in der Welt scheint sozusagen fraglich geworden zu sein. Wenn nicht über alle, so führt Jesus doch wohl Klage über das Publikum, das ihn umringt: ‚Ihr verdient ja gar nicht, daß ich mich mit euch abgebe.'

Was bewegt Jesus zu diesem Ausruf der Verachtung, der diejenigen, an die er gerichtet ist, hart treffen muß? Es ist der Unglaube, das Versagen im Glauben. Ebenso stoßen wir bei Mk 6,6 und 10,14 auf Zorn, Verwunderung und Unwillen. Sein ganzes Leben lang muß Jesus solchen Situationen des Unglaubens entgegentreten. Immer wieder ist es der Mensch, der kein Vertrauen zu ihm hat, der sich ihm nicht restlos überläßt und nicht an seine Liebe glaubt. Die eigentliche Schuld – und das ist auch bei den anderen Tadelsäußerungen Jesu im Markusevangelium festzustellen – ist immer die Unfähigkeit, sich ganz und gar seinem Geheimnis anzuvertrauen, die Unbeweglichkeit, die den Schritt hinüber zum Glauben, zum Vertrauen in den Herrn unmöglich macht.

Die zweite Reaktion (Vers 20) scheint das genaue Gegenteil der ersten zu sein: die unerschütterliche Ruhe und Kaltblütigkeit Jesu.

Die Worte: „Bringt ihn zu mir! Und man führte ihn herbei. Sobald der Geist Jesus sah, zerrte er den Jungen hin und her, so daß er hinfiel und sich mit Schaum vor dem Mund auf dem Boden wälzte", lassen ahnen, daß Jesus sich nicht verwirren läßt. Er beherrscht die Situation. Diese Beherrschtheit und diese Distanz sind wichtig, keine vorübergehenden Eigenschaften, vielmehr offenbaren sie seine gewohnte Geisteshaltung. Angesichts der Krise, in der die Apostel und der Kranke sich befinden, beobachtet Jesus zunächst in Ruhe die Situation, er betrachtet sie in ihrer wahren Gestalt und trägt ihren verschiedenen Einzelheiten im Rahmen des Ganzen Rechnung.

Jesus erfaßt die Situation, wie sie sich in ihrer Vielschichtigkeit wirklich darbietet. Er sieht den Kranken, aber auch den Vater, er sieht die Apostel, die Menschenmenge und dies alles unter dem Gesichtspunkt seiner Sendung.

Der besondere Umstand, daß der Junge sich vor ihm am Boden wälzt, erschüttert ihn nicht. Er berücksichtigt vielmehr die Gesamtsituation.

Wie wirken sich im menschlichen Bewußtsein Jesu diese Distanzierung vom Detail und die Fähigkeit, es im Rahmen des Ganzen zu sehen, praktisch aus? Achten wir darauf, wie fein der Psychologe Markus beobachtet: Jesus gibt sich nicht mit dem Jungen ab, sondern mit dem Vater; er sieht die Lage unter einem neuen Gesichtspunkt.

Was geschieht, wenn wir die Dinge immer nur unter einem einzigen Gesichtspunkt sehen? Sie wachsen ins Riesenhafte und lähmen uns. Zur Distanz gelangt man, wenn man nach einem Detail auch sein tatsächlich gegebenes oder mögliches Gegenteil in Betracht zieht und somit das, worum es geht, in größeren Zusammenhängen zu sehen beginnt.

Was tut nun Jesus wirklich? Er sieht den Jungen, der aufschreit und sich mit Schaum vor dem Mund losreißt, aber er denkt, daß der Vater der eigentliche Patient ist. Jesus erkennt, daß er anders vorgehen muß. Durch genaue und distanzierte Einschätzung findet er den richtigen Ausgangspunkt, der neu und anders ist und an den niemand gedacht hat. Die Apostel hatten mit Rufen und Beten über den Jungen begonnen, aber das Problem von der falschen Seite angefaßt. Es war ihnen nicht gelungen, hier einen neuen Weg zu finden.

d) Das Gespräch mit dem Vater (Mk 9,21–24)

Jesus beginnt also das Gespräch mit dem Vater und gibt damit auch ein Beispiel für das Seelsorgsgespräch. „Wie lange hat er das schon?" Die Frage ist sehr einfach, fast banal, aber man spürt, daß sie von Herzen kommt und Teilnahme bekundet. Da geht auch dem Vater das Herz auf. Er ist doch hier die eigentliche Hauptperson, wenn es auch niemand bemerkt hat.

Der Vater antwortet fast einsilbig: „Von Kind auf." Doch dann fühlt er sich verstanden und spricht weiter. Er schildert die Symptome der Krankheit seines Sohnes, bis schließlich aus seinem Herzen hervorbricht, worum es eigentlich geht: „Doch wenn du kannst, hilf uns; hab Mitleid mit uns!"

Die einfache Beziehung zu dem heilungsbedürftigen Jungen hat jetzt zur Begegnung mit einem Herzen geführt, das bittet, das sich demütig dem Herrn anvertraut und um Hilfe ruft.

Jesus setzt das Gespräch fort und korrigiert liebevoll die allzu zaghaften Worte des Vaters, um ihn wieder zum Zuge kommen zu lassen: „Du hast gesagt, wenn ich kann; aber alles kann, wer glaubt!" Mit anderen Worten: Du bittest um etwas, mit dessen Verwirklichung du selber beginnen mußt. Da geht dem Vater ein Licht auf, und er ruft: „Ich glaube; hilf meinem Unglauben!"

Damit sind wir zum Kern gelangt, bei der eigentlichen Schwierigkeit der Situation. Jesus hält sich nicht bei den äußeren Gegebenheiten auf und ist behutsam Schritt für Schritt zu dem Ende des Fadens gelangt, von dem her er den Knäuel entwirren kann, das heißt, er beginnt den Unglauben dieses Mannes zu heilen. Der Aufschrei des Vaters ist in seiner Einfachheit ergreifend: „Ich glaube; hilf meinem Unglauben!" Er zeigt, daß etwas aufgebrochen ist, daß er Hilfe ersehnt. Dieser Aufschrei ist in aller Demut ein Akt des Glaubens, zugleich auch das Eingeständnis, daß er vom Ziel noch weit entfernt ist und noch mehr braucht.

Der Schrei ist eine Mahnung, die in der Gemeinde immer wieder an die unbesonnenen und allzu selbstsicheren Exorzisten ergeht: ‚Vorsicht! Zu so großen Taten braucht man großen Glauben; haltet euch nicht für allmächtig, sondern seid euch zutiefst eurer Schwäche bewußt und betet um Hilfe.'

Wenn in der urkirchlichen Unterweisung mit diesem Bericht in erster Linie die Exorzisten gemeint sind, so dient er aber auch der Taufkatechese. Ist doch der Taufbewerber angesichts der allzu hohen Forderungen Jesu, angesichts des Geheimnisses des Reiches, das er in all seiner Armseligkeit, seiner Härte und seiner tagtäglichen Trockenheit zu sehen beginnt, versucht, nicht mehr mitzumachen und aufzugeben. Diese Begebenheit ist für ihn jedoch die Einladung, sich von seiner Furcht nicht lähmen zu lassen, sondern sie in aller Demut dem Herrn zu gestehen. Das Geschehnis ist zugleich die Einladung, auch von dieser Armut und Schwäche, an der er leidet, noch zu profitieren und sie zum Gegenstand demütigen Betens zu machen.

e) Der Exorzismus (Mk 9,25–27)

Der Exorzismus selbst ist geradezu ein Schulbeispiel. Da wird der Geist erwähnt und es wird auch gesagt, wer den Exorzismus vornimmt und welche Befehlsgewalt er besitzt, ebenso, welches Machtwort gesprochen wird. Dann folgt die Schilderung der Krämpfe, in denen sich das Leiden des Jungen äußert, seines leblosen Hinstürzens und schließlich die Szene, in der Jesus ihn geheilt aufrichtet.

Die ganze Begebenheit enthält über den eigentlichen Exorzismus hinaus wohl auch Elemente, die Ansatzpunkte für eine urkirchliche Taufkatechese boten, und das nicht nur in dem Sinne, daß die Taufe den Menschen aus der Gewalt eines Unheils befreit, das ihn für andere unzugänglich macht, sondern in einem noch viel eigentlicheren Sinne.

Im Vers 26 wird zweimal nachdrücklich der Tod erwähnt: „Der Junge lag wie tot, so daß alle Leute sagten: Er ist gestorben." Und dann fallen plötzlich im Vers 27 geradezu zwei Fachausdrücke für das

Auferstehungsgeschehen: „Jesus faßte ihn an der Hand und richtete ihn auf, und der Junge erhob sich."

Es ist sicher, daß die urkirchliche Katechese sich dieser vier Aussagen – zwei, die den Tod, und zwei, welche die Auferstehung ausdrücken (Christus ist für unsere Sünden gestorben, Christus ist zu unserer Rechtfertigung auferstanden) – bediente, um die Taufe als Sterben und Auferstehen mit Christus und aus Christi Kraft zu erklären.

f) Der Schluß (Mk 9,28f)

„Als Jesus nach Hause kam und sie allein waren, fragten ihn seine Jünger: Warum konnten denn wir den Dämon nicht austreiben? Er antwortete ihnen: Diese Art kann nur durch Gebet ausgetrieben werden."

Was Jesus hier lehrt, war für die urkirchliche Katechese in mehr als einer Hinsicht von Bedeutung. Für den Exorzisten stellte es die direkte Aufforderung dar, nicht der Anmaßung zu verfallen, sondern zu beten und die Vollmacht Gott, nicht aber sich selbst zuzuschreiben. Für den Taufbewerber, der sich in der Nachfolge des Herrn vor anscheinend unüberwindlichen Schwierigkeiten, nämlich dem Kreuzweg, sah, war es dir Aufforderung, zu bedenken, daß er nur im Gebet, nur im völligen Vertrauen zum Herrn und in der demütigen Bitte an ihn seine Schwierigkeiten meistern können würde.

Die Heilung des besessenen Jungen will somit einerseits etwas über Jesus aussagen, der in einem der großen Augenblicke seines Lebens vor uns steht, distanziert handelt und einfach, aber gründlich den Ursachen des Bösen nachgeht; andererseits ist sie eine Unterweisung für die Urkirche und den Taufbewerber, der sich in die Nachfolge Jesu begeben hat und so verstehen lernt, wie man sich ihm anvertrauen kann. Jesus selbst ruft uns auf, ihn um die Kraft für alle schwierigen Aufgaben und zur Überwindung aller anscheinend unüberwindlichen Schwierigkeiten zu bitten. Er sagt uns auch, daß er gekommen ist, uns zu helfen, sie zu überwinden.

Sechste Betrachtung

Das Geheimnis des Menschensohnes

Diese Betrachtung, die wir „das Geheimnis des Menschensohnes" überschreiben wollen, umfaßt Abschnitte aus den Kapiteln 8–10 des Markusevangeliums. Hier dringen wir tief in das Geheimnis des Gottesreiches ein. Daher muß uns das Verständnis der Texte, denen wir uns jetzt widmen wollen, noch viel mehr im Gebet zukommen als in der nur theoretischen Erwägung des Gehörten.

Was wir jetzt tiefer erfassen müssen, entspricht etwa dem, was der heilige Paulus begreifen wollte, als er im Philipperbrief schrieb: „Christus will ich erkennen und die Macht seiner Auferstehung und die Gemeinschaft mit seinem Leiden" (Phil 3, 10).

Schon bei der Betrachtung der Stellen, die dem 8. Kapitel vorausgehen, wird deutlich, daß das Schicksal der zertretenen und erstickten Saat letztlich das einer Person ist, nämlich das Schicksal Jesu selbst.

Das Samenkorn ist das Wort, von dem im 4. Kapitel die Rede war, das Wort der Frohbotschaft; das Wort der Frohbotschaft ist aber Jesus selbst. Das Geheimnis des Reiches, das unter dem Schleier der

Gleichnisse als sich verbergendes Geheimnis dargestellt wird, als Geheimnis, das im Dunkel der Nacht, aber auch mühsam und gegen Widerstände wächst, erweist sich im zweiten Teil des Markusevangeliums deutlicher als das Geheimnis des Menschensohnes.

Der Taufbewerber, der sich zu Jesus, dem Sohn Gottes, bekannt hat, als er „am See" seinen Ruf vernahm, stellt nun in der Bewährungsprobe seines Glaubens, in die er durch die Nachfolge Christi gerät, fest, daß er einer unerwarteten und neuen Situation gegenübersteht; einer Situation, in der die Gesetze der persönlichen Begegnung, der Demut, des Abwartens und der Geduld gelten. Das ist die Unterweisung, die Jesus in den ersten acht Kapiteln des Markusevangeliums erteilt.

Das Verweilen bei Jesus führt die Jünger allmählich zu der Erkenntnis, daß in dem Leben, zu dem sie sich entschlossen haben, nicht mehr die Gesetze der Leistung, des Erfolgs und der Macht regieren, sondern eher die der Verborgenheit, der persönlichen Begegnung und der Unscheinbarkeit.

Vom 8. Kapitel an verdeutlicht sich diese umrißhafte Erkenntnis des Geheimnisses, zu der man nur durch Anspielungen gelangt. Hier beginnt der zweite Teil des Markusevangeliums.

Zum rechten Verständnis dieses Sachverhaltes muß man vorausschicken, daß das Markusevangelium aus zwei deutlich gegeneinander abgesetzten, fast gleich großen Teilen besteht, die sich in vielerlei Hinsicht voneinander unterscheiden. So gibt es,

z. B., Ausdrücke, die im ersten Teil häufig vorkommen, im zweiten Teil aber ganz fehlen, und umgekehrt. Für den ersten Teil sind Worte wie: verstehen, Verständnislosigkeit, begreifen, sehen, ein uneinsichtiges, verstocktes Herz haben, hören, erkennen, verbergen, enthüllen ganz typisch. Es sind Worte, aus denen hervorgeht, daß es Jesus um das Verständnis des Reiches durch das Vertrauen auf sein Wort geht. Er klagt darüber, daß die Menschen verstockten Herzens und die Jünger begriffsstutzig sind. Jesus will Aufmerksamkeit wecken und so den Geist für das empfänglich machen, was er offenbaren wird.

Es kommt jedoch der Punkt, an dem Jesus seine Forderung ändert: Hier geht es nicht mehr in erster Linie um das Verstehen, das Öffnen der Augen, das Begreifen, sondern darum, etwas für das Reich zu tun, sich hinzugeben, sein Leben hinzugeben und mit dem eigenen Leben zu bezahlen. Die für den zweiten Teil kennzeichnenden Wendungen lauten denn auch: Nur wer sein Leben verliert, wird es retten; man muß Haus, Geschwister, Eltern und Kinder um des Evangeliums willen verlassen; sogar seine Hand, seinen Fuß und sein Auge muß man für das Reich opfern.

Im ersten Teil geht es darum, das Reich zu verstehen, im zweiten Teil darum, in das Reich zu gelangen.

Das Ereignis, welches den Übergang von der geistigen Bemühung um das Reich zum Eintritt in das Reich bezeichnet und von der ersten zur zweiten

Phase der Verkündigung Jesu führt, ist das Messiasbekenntnis des Petrus in Cäsarea. Es ist zugleich der Höhe- und Wendepunkt. Von nun an begegnen uns in der Predigt Jesu andere Themen. Gerade im zweiten Teil des Markusevangeliums widmet Jesus sich in besonderer Weise der sorgfältigen Unterweisung der Gruppe der Zwölf. Im ersten Teil folgen sie ihm und sehen, was er tut; im zweiten Teil spricht er sie öfter und persönlicher an.

Das Petrusbekenntnis spielt deshalb eine so entscheidende Rolle, weil mit ihm das Gottesreich auf Erden seinen Anfang nimmt. Daß Jesus von dieser winzigen Gruppe, die im Vergleich zur damaligen Welt so klein wie ein Senfkorn ist, das heißt von Petrus und von den Zwölf, die bei ihm sind, als der erkannt wird, der er wirklich ist, stellt den Beginn des Reiches dar, des Reiches, das Jesus auf Erden errichten will. Das ändert den ganzen Inhalt der Predigt Jesu. Von nun an spricht er nicht mehr in Rätseln, sondern offen.

Im zweiten Teil des Markusevangeliums finden wir also vor allem die Leidensankündigungen Jesu. Die erste Ankündigung folgt unmittelbar auf das Bekenntnis des Petrus, die beiden andern folgen im Abstand von je einem Kapitel, d.h. in regelmäßigen Abständen. Diese rhythmische Abfolge ist bei Markus offenbar beabsichtigt.

Warum sind es gerade drei Ankündigungen? Der Grund dafür ist gewiß darin zu sehen, daß man das, was wesentlich ist, wiederholen muß: dreimal. Es handelt sich hier um eine überaus wichtige Aussage. Ebendeshalb scheint sie gleich am Anfang des zweiten Teiles ihren Platz gefunden zu haben.

a) Die erste Leidensankündigung: Mk 8,31–37

Jesus „begann, sie zu belehren ...": hier beginnt offenbar etwas Neues, eine neue Ausdrucksweise seinerseits, ein neues Stadium in der Ausbildung der Zwölf.

Was lehrt Jesus? „Der Menschensohn müsse vieles erleiden und von den Ältesten, den Hohenpriestern und den Schriftgelehrten verworfen werden; er werde getötet, aber nach drei Tagen werde er auferstehen. Und er redete ganz offen darüber" (8,31 f).

Jesus lehrt also etwas, wovon früher noch nie die Rede war, und er ging damit seinem Geheimnis wirklich bis auf den letzten Grund. Er lehrt, „er müsse"; das, was nun kommt, gehört also zum Heilsplan und ist von Gott so gewollt zur Erlösung der Menschheit.

„Der Menschensohn" ist eine geheimnisvolle Bezeichnung, die in der apokalyptischen Überlieferung auch an die Herrlichkeit des Messias denken läßt, hier aber nur äußerste Demut und tiefste Erniedrigung besagt. „Vieles erleiden und verworfen werden": Von den Ältesten, den Hohenpriestern, den Schriftgelehrten verworfen werden, heißt, von den Gebildeten und Prominenten jener Zeit.

„Er werde getötet, aber nach drei Tagen werde er auferstehen. Und er redete ganz offen darüber": Gerade das zeigt uns, daß Jesus bisher nicht offen darüber geredet hat. Er hat die Seinen, besonders die Zwölf, durch seine Person, seine Wundermacht und seine Güte angezogen; er hatte ihr volles Vertrauen gefunden. Jetzt sind sie eine festgefügte, kleine Gruppe, und er kann ganz offen mit ihnen reden.

Und die offenen Worte sind äußerst hart, da vom Sterben die Rede ist, von Verwerfung und gewaltsamem Tod. Wohl zeichnet sich auch schon die Auferstehung ab, aber so geheimnisvoll, daß die Jünger es noch nicht verstehen.

Das Geheimnis steht hiermit in seinem ganzen Umfang vor ihnen. Es jagte den Zwölf lähmendes Entsetzen ein, das prompt im Einschreiten des Petrus (32b–33) seinen Ausdruck findet. Hier zeigt sich die Reaktion des einfachen Mannes, eines jeden von uns: Das darf nicht sein, das geht nicht, das ist sinnlos. Unsere Verständnislosigkeit drückt das Geheimnis Gottes so aus, wie es sich in seiner Wirklichkeit und Wahrheit in Jesus Christus darstellt.

Wenn wir von einer nur oberflächlichen Kenntnis des Geheimnisses Gottes in Christus zu seiner wahren Erkenntnis gelangen, das heißt zu Christus, der unseretwillen verworfen worden und gestorben ist, könnte man auch unsere erste Reaktion durchaus mit den Worten des Petrus wiedergeben: ‚Aber wieso denn, warum? Das geht absolut nicht ...‘ Wahrscheinlich leuchtet den Zwölf ein, daß ihnen ein ähnliches Schicksal droht, wenn das dem Meister passiert; ihre Zukunftsaussichten werden sicher nicht rosig sein. Ihr Horizont hüllt sich völlig in Nebel und dunkle Wolken.

Und dann sagt Jesus dem Petrus, daß er vom Plan Gottes nichts versteht. In Petrus stehen die Zwölf vor dem Plan Gottes in seiner wahren Gestalt, werden sie mit der harten Wirklichkeit dessen konfrontiert, was der Herr vorhat, einer ganz rätselhaften Wirklichkeit, die unter dem Gesichtspunkt normaler menschlicher Logik unannehmbar ist. Sie können sie aber jetzt auf Grund ihrer Zuneigung zu Jesus und ihrer Zugehörigkeit zu ihm nicht mehr von der Hand weisen. Wenn ihr Inneres sich auch sträubt, sind sie doch von der Person des Herrn so völlig eingenommen, daß er sehr wohl weiß, wie offen er mit ihnen reden kann. Allerdings bleibt die Rede dennoch sehr hart.

In den Versen 34–37 kommen dann die Jünger an die Reihe. Jesus hat von sich gesprochen, hat unmißverständlich von seinem eigenen Geschick geredet, was bei den Aposteln Verwunderung, Entsetzen und Ratlosigkeit auslöst. Jetzt geht er daran, Schritt für Schritt den eigenen Weg, das ihm eigene Geheimnis des Menschensohnes auf das Leben derer zu übertragen, die ihm nachfolgen. Es geschieht genau das, was die Apostel, vielleicht auch unbewußt, gefürchtet hatten: Der Weg Jesu ist ebenso der Weg derer, die zu ihm gehören.

Wir haben mithin sein Wort: „Wer mein Jünger sein will, der verleugne sich selbst" (34). Wenn wir an Petrus denken, der Jesus mit den Worten, er kenne ihn nicht, verleugnet, dürfen wir wohl sagen, die Wendung: „Er verleugne sich selbst“, bedeute eben dies: Ich kenne mich nicht, mir kommt es auf mein Leben nicht mehr an, ich nehme keine Rücksicht auf mich selbst. So wird Paulus beim Rückblick auf sein Leben in der Ansprache an die Ältesten von Ephesus sagen, die in der Apostelgeschichte 20, 18–24 wiedergegeben ist.

Und Jesus fährt fort: „Er nehme sein Kreuz auf sich.“ Damit meint er alle Unannehmlichkeiten, die die Nachfolge Christi mit sich bringt, und: „Er folge mir nach.“ Der ganze Nachdruck dieses Satzes liegt auf dem Wort: „Er folge mir nach“, das heißt, was sonst noch vorher oder nachher gesagt wird, schafft nur die unerläßlichen Voraussetzungen dafür, bei Jesus sein und aushalten zu können.

Wir könnten in unsere Überlegung alles miteinbeziehen, was in den folgenden Kapiteln, besonders im Kapitel 10, über diese Nachfolge Jesu ausgeführt wird. Hier stehen wir nur vor dem ersten Hinweis auf das, was das Geheimnis des Reiches verlangt. In den folgenden Kapiteln wird diese Forderung immer wieder anders präzisiert.

Ich habe unter der Überschrift „Jesus und die Seinen“ einige Perikopen zusammengestellt, um zu zeigen, daß man seine Unterweisung für den kleinen Kreis der Zwölf in dem Satz zusammenfassen kann: Wer die persönliche Berufung in meine Nachfolge, in meine ständige Begleitung, angenommen hat, muß mich nehmen, wie ich bin (vgl. Mk 10, 43–45; 10, 29; 10, 38; 13, 13).

Und wie wird Jesu wahres Wesen und Handeln

geschildert? Er macht klar, daß auch die andern sein müssen, wie und wo er ist. So sagt er, zum Beispiel: Ich bin nicht gekommen, um mir dienen zu lassen, sondern um zu dienen; wer von euch also sein will wie ich, soll der Sklave aller sein.

Ich habe alles verlassen: der Menschensohn hat nichts, wohin er sein Haupt legen kann; also kann ich von euch verlangen, daß ihr Vater, Mutter, Äkker, Kinder und alles verlaßt.

Ich bin zu euch gekommen wie jemand, der nichts besitzt; also kann ich von euch verlangen, die Güter aufzugeben, die sich mit dem Himmelreich nicht vertragen.

Ich trinke zuerst den Kelch des Leidens; also kann ich verlangen, daß ihr meinen Kelch trinkt.

Ich nehme Widerspruch hin, und daß der größere Teil meines Volkes mich verwirft; ich kann verlangen, daß auch ihr Widerspruch und Protest von gleich welcher Seite hinnehmt, weil der Menschensohn zuerst verworfen worden ist.

Mit andern Worten, Jesus fordert in den angeführten Texten dazu auf, sich mutig für ein Leben zu entscheiden, das dem seinen gleicht. Man muß im Herzen zu dieser Entscheidung stehen, denn die äußeren Umstände hängen nicht von uns ab. Wohl kommt es für uns darauf an, daß wir uns im Herzen für ein Leben entscheiden, das seinem Leben unter den Menschen möglichst nahekommt.

Ob wir uns immer den niedrigsten Dienst, die unscheinbarste Stellung und die bescheidensten äußeren Verhältnisse aussuchen können, hängt nicht von uns ab; aber es hängt von uns ab, daß wir im Herzen das Verlangen tragen, möglichst dort zu sein, wo er ist.

Deshalb liegt es an uns, bei der Wahl zwischen Stellungen mit größerem oder geringerem Ansehen und Einfluß die zweite, bei der Wahl zwischen mehr oder weniger opulenten Verhältnissen die letzteren und bei der Wahl zwischen bequemen und unbequemen Aufgaben, die unbequemen vorzuziehen.

So werden in diesem zweiten Teil bei Markus Entscheidungen im Sinn des Evangeliums eingeleitet. Jesus übernimmt die Führung, geht mit gutem Beispiel voraus und lädt alle ein, wenigstens mit dem Herzen und mit dem Verlangen dort zu sein, wo er sich befindet; denn nur so kann man durch und durch verstehen, was das Evangelium will.

Diese Entscheidung ist äußerst wichtig, denn sie macht es möglich, über alle Theologien und Theorien hinaus das Evangelium von innen her zu verstehen (vgl. „Geistliche Übungen", Nr. 98; 146; 167).

Wenn man die Grundentscheidung, dort zu sein, wo Jesus ist – nicht nur in seinem im ersten Teil bei Markus geschilderten öffentlichen Wirken, sondern auch auf dem im zweiten Teil beschriebenen Weg, der zum Kreuze führt –, nicht getroffen hat, wird es unmöglich, die anderen Wahrheiten des Evangeliums einzuordnen, ihnen den rechten Platz einzuräumen und sie in ihrer bereits erwähnten wahren Gestalt zu sehen, nämlich im Zusammenhang der

Einzelheiten mit dem Ganzen, der alles an seinen Platz rückt.

Jede wirkliche Genesung, jede wirkliche geistige Vertiefung, jede Befähigung zum Erkennen der jeweiligen Situation, in der wir uns befinden – unserer Situation in der Welt, der gegenwärtigen Situation der Kirche –, beginnt bei der Erneuerung unserer Treue zum Wege Jesu, wie er uns im zweiten Teil des Markusevangeliums vor Augen geführt wird. Es ist das Geheimnis des Evangeliums, das uns ermöglicht, unseren Platz und den Platz der Kirche in der Welt zu verstehen; es ist das zentrale Anliegen der Forderungen Jesu.

b) Die zweite Leidensankündigung: Mk 9,31–32

Die zweite Leidensankündigung Jesu ist sehr kurz: „Er wollte seine Jünger über etwas belehren. Er sagte zu ihnen: Der Menschensohn wird den Menschen ausgeliefert, und sie werden ihn töten; doch drei Tage nach seinem Tod wird er auferstehen. Aber sie verstanden den Sinn seiner Worte nicht, scheuten sich jedoch, ihn zu fragen."

Da haben wir Jesus vor uns, der der Gruppe der Seinen immer näher kommt, sie in dem einzigen wesentlichen Punkt unterweist und das innerste Geheimnis des Evangeliums aufzeigt, nämlich sich selbst, seinen Tod und seine Auferstehung.

Allerdings läßt Markus erkennen, welche Schwierigkeiten das Geheimnis macht und daß man es in neuen Situationen, bei neuen Erfordernissen und mit der fortschreitenden Entwicklung unseres geistlichen Lebens immer wieder neu bedenken muß.

Der Gedanke, den Jesus hier vorträgt, ist völlig unverständlich und mit nichts zu vergleichen, was Menschen je vorgebracht haben.

Kein Mensch würde es wagen, Tod und Auferstehung auf sein Programm zu setzen: wir stehen hier im innersten Heiligtum des totalen und absoluten Glaubens, der vom Jünger verlangt wird und der einzige Weg zur wahren Erkenntnis dessen ist, was Leben nach dem Evangelium bedeutet.

c) Die dritte Leidensankündigung: Mk 10,32–34

Die dritte Leidensankündigung Jesu ist weitläufiger als die vorausgehenden: „Während sie auf dem Weg hinauf nach Jerusalem waren, ging Jesus voraus. Die Leute wunderten sich über ihn, die Jünger aber hatten Angst ..."

Anscheinend will Markus uns Mut machen, wenn er sagt, daß die Apostel ihre Zeit gebraucht haben, bis sie verstanden, worum es ging. Ihre Liebe gehörte Jesus, er war mitten unter ihnen, zog ihnen sogar voraus, und sie konnten nicht umhin, ihm zu folgen; sie fühlten sich sehr zu ihm hingezogen, doch bis sie das Geheimnis wirklich in seinem Kern verstanden, blieb noch ein weiter, äußerst mühsamer Weg.

„Da versammelte er die Zwölf um sich und kündigte ihnen an: Wir gehen jetzt nach Jerusalem hinauf; dort wird der Menschensohn den Hohenpriestern und den Schriftgelehrten ausgeliefert; sie werden ihn zum Tod verurteilen und den Heiden übergeben; sie werden ihn verspotten, anspucken, geißeln und töten. Aber nach drei Tagen wird er auferstehen."

Wieder stehen wir hier vor dem Geheimnis. Dabei liegt der Nachdruck sichtlich auf dem Umstand, daß Jesus verworfen und geschmäht wird. Die Ankündigung wird also wieder zu einer Aufforderung an die Apostel, ihm zu vertrauen und das Geheimnis in seinem ganzen Umfang hinzunehmen; denn es gibt keine Auferstehung ohne den Durchgang durch das Leiden.

Was konnte der Taufbewerber im Laufe seiner Vorbereitung aus dieser Perikope lernen, um zum Verständnis des innersten Geheimnisses des Gottesreiches zu gelangen? Ich glaube, an den Taufbewerber – und das gilt ebenso für uns – ergeht unausgesprochen die Einladung, zuerst einmal im Gebet das Geheimnis des göttlichen Planes anzubeten aus der Erkenntnis heraus, daß es äußerst schwer zu begreifen ist. Jedesmal, wenn wir uns, nicht nur in unseren Vorstellungen, sondern auch in Wirklichkeit an ihm stoßen, spüren wir wohl instinktiv das Unvermögen, uns ihm zu fügen; gerade deshalb müssen wir inständig beten und die Gnade erbitten, Christus akzeptieren zu können, wie er ist.

Sodann ist es für den Taufbewerber wie auch für uns eine Anregung, dem Herrn zu danken, daß er sich uns so eindeutig und ohne uns etwas vorzumachen offenbart hat. Deshalb müssen wir ihn bitten, daß er uns zur Danksagung fähig macht, wenn er sich auch in uns mit der harten Wirklichkeit von Tod und Auferstehung zeigt; dann befinden wir uns nämlich im Herzen des Evangeliums. Denn alle Situationen, die uns auf den ersten Blick unbegreiflich und unannehmbar zu sein scheinen, so daß sich uns der Ruf entringt: ‚Alles, nur das nicht!', sind eigentlich Situationen, die uns mitten in die Offenbarung des Geheimnisses Gottes hineinstellen.

Schließlich wird vom Taufbewerber – und von uns – verlangt, beharrlich zu beten und Jesus zu bitten, uns bei sich zu behalten und mitzunehmen bis hin zum Ziel, in der Überzeugung, daß wir in dieser Haltung der Zustimmung den Schlüssel zum Verständnis aller Geister besitzen. So können wir nämlich zur Unterscheidung und Analyse der verschiedenen Geisteshaltungen gelangen, die in uns und in der Kirche am Werk sind; denn an diesem Punkt verlieren und verflüchtigen sich die Geisteshaltungen und Verhaltensweisen, die nicht dem Evangelium entsprechen. Alle Träume, alle Luftschlösser, alle rein menschlichen Vorhaben bleiben auf der Strecke, und es überlebt einzig die Wahrheit des Evangeliums. So wird der Taufbewerber allmählich und unerbittlich zu der Erkenntnis geführt, daß das die eigentliche Offenbarung des Menschensohnes ist und das Geheimnis, in das er eindringen soll, wenn er gewillt ist, jede nur menschliche Zielsetzung hinter sich zu lassen und wirklich mitten im Gottesreich Fuß zu fassen.

Siebte Betrachtung

Das Leiden Christi

In seinen drei Vorhersagen kündet Jesus den Leidensweg an, den er dann mutig bis an Ende geht. Wir sind dazu aufgerufen, ihm in der Betrachtung, in der wir ihm mit dem Herzen nahe sind, wenigstens mit unserer Liebe zu folgen, um irgendwie zu verwirklichen, was Petrus nicht gelungen ist, wie sehnlich er es auch gewünscht hatte: „Und wenn ich mit dir sterben müßte!" (Mk 14,31). Wir verstehen, wie sehr Petrus bis zum Ende hätte beim Meister sein wollen, daß er es aber erst später hatte sein sollen, nachdem er durch die harte Schule gegangen war, die Jesus ihm in seiner Passion zugedacht hat.

a) Eine schwierige Betrachtung

Aus mehreren Gründen ist die Betrachtung der Passion, wie sie im Bericht dargestellt wird, immer sehr schwierig. Das gilt auch schon für die Urkirche.

Zunächst war es schwierig, die Frage zu beantworten, wie solch ein Geschehen historisch überhaupt möglich war. Es postuliert doch eine unerklärliche Reihe von Irrtümern, überstürzten und unglücklichen Entscheidungen, Kettenreaktionen und bei den Hauptpersonen ein gegenseitiges Zuschieben der Verantwortung. Es bestand doch einfach kein Grund, Jesus sterben zu lassen! Wie es dann in einem Chaos von Leidenschaften, Irrtümern, Ausflüchten und Ängsten doch so schnell dazu gekommen sein soll, bringt jeden in Verlegenheit, der sich an einen Bericht darüber wagt.

Der Evangelist wird im Passionsbericht weitschweifig, um nur ja diese Kette tragischer und dramatischer Ereignisse, die in sich kaum motiviert sind, nach und nach verständlich zu machen.

Schwierig ist für die Urkirche und für den Taufbewerber, der sich der Betrachtung der Passion widmete, auch die Frage: Was ist schon an einem Tod gelegen?

Alle, die, aus welchem Grund auch immer, ein wenig mit dem Geheimnis des Todes vertraut sind, wissen, wie angesichts seiner Wirklichkeit jegliche Rhetorik sogleich verstummt. Nichts ist so wenig menschlich wie der Tod. Im Sterben nimmt ein Mensch gewöhnlich einen nichtssagenden und unbeholfenen oder vielleicht auch einen gequälten und ungläubigen Ausdruck an. Es gibt keine Situation, in der der Mensch weniger er selbst ist als im Augenblick seines Todes.

Schon weil er eine Wirklichkeit ist, in der man nur schwer einen Sinn sehen kann, ist der Tod für den Menschen zu seinen Lebzeiten ein Un-Sinn. Im

Tod stellt der Mensch etwas Unverständliches dar, etwas, das nicht sein dürfte.

So ist denn die Vorstellung, daß Jesus Christus unser Herr, es mit dieser Wirklichkeit, mit dem, was für das Leben keinen Sinn darstellt, aufgenommen hat, tatsächlich das Geheimnis der Geheimnisse. Wie Jesus, der doch selbst das Leben ist, sich ganz auf all das habe zurückziehen können, worin sich der Verfall des Menschen im Tode immer äußert, ist unerklärlich. Der Urkiche machte dieses Geheimnis sehr zu schaffen, hatte sie doch die leibhaftige Gestalt des Gekreuzigten noch vor Augen. Für sie hieß das Problem: Wie kann man diese Wirklichkeit deuten, die sich absolut jeder Deutung entzieht, welchen Sinn kann man in ihr sehen? Und das unter einem doppelten Gesichtspunkt:

1. Vom Menschen her: Wie sollte man alle anderen Gegebenheiten des Lebens verstehen, die keinen Sinn zu haben und nur Verlust, nur Mangel zu sein scheinen, das, was nicht sein dürfte und was man daher auch nicht will?

b) Von Gott her: Wie konnte Gott auch noch im Leiden und im Tod bei ihm sein? Hat er ihn nicht doch im Stich gelassen?

b) Jesu Passion und unser Leid

Dies waren die Fragen, die beim Betrachten der Passion die Herzen der ersten Christen bedrängten. Der lange Bericht in jedem der vier Evangelien stellt die Antwort darauf dar. Er ist, wie gesagt, lang. Bei Markus umfaßt er sogar zwei Kapitel; im Vergleich zum restlichen Evangelium ist ihm unverhältnismäßig viel Platz gewidmet. Für den Taufbewerber und für uns bedeutet dies, daß man sich lange mit der Passion beschäftigen muß, daß man sich sehr der Betrachtung des Leidens des Herrn hingeben muß; daß ihm für unser Vertrautsein mit dem Herrn eine wichtige Funktion zufallen muß.

Die Passion ist ein langer Bericht, der ein unbegreifliches Geheimnis zum Inhalt hat und sich seinerseits auf Tatsachen stützt, die seinen Sinn erkennen lassen.

Was sie als tiefsten Sinn zum Ausdruck bringen, steht beim Propheten Jesaja: „Quia ipse voluit – weil er es so wollte" (Jes 53,7 nach der Vulgata, vgl. den hebräischen Text Jes 53,10a.12c). Die Passion ist kein Zufallsereignis, vielmehr hat Jesus selbst diese äußerste Erniedrigung bis zum letzten auf sich genommen. So gesehen, beginnt sie einen Sinn anzunehmen, denn sie wird zu einem menschlichen Akt Jesu.

Welche Begebenheiten machen das „Quia ipse voluit" besonders deutlich?

Die Salbung in Betanien, wo Jesus sagt: „Sie hat getan, was sie konnte. Sie hat im voraus meinen Leib für das Begräbnis gesalbt" (14,8); Jesus geht also dem Geheimnis der Entwürdigung des Menschen entgegen und nimmt es bewußt an.

Beim Abendmahl: „Der Menschensohn muß seinen Weg gehen, wie die Schrift über ihn sagt"

(14,21); Jesus läßt sich also auf einen Plan ein, der der Plan des Vaters ist.

Immer noch beim Abendmahl und noch deutlicher: „Das ist mein Blut, das für viele vergossen wird" (14,24). Die Eucharistie ist das Geheimnis, aus dem hervorgeht, daß Jesus von ganzem Herzen die Passion auf sich nimmt und an sich selbst schon vorwegnimmt.

Und schließlich in Getsemani noch das letzte Wort, das dieses Thema erneut aufnimmt: „... nicht, was ich will, sondern was du willst" (14,36). Man muß also die ganze Passion bei der Betrachtung sozusagen mitten ins Herz des Herrn verlegen, der aus freien Stücken diesem tragischen Ereignis entgegengegangen ist.

In diesem Zusammenhang möchte ich einen Gesichtspunkt hervorheben, der sich aus der Darstellungsweise des Markus ergibt: Jesus ist dem Tod entgegengegangen, weil er uns bis in die letzte Konsequenz hinein entgegenkommen wollte; er hat also vor keiner Konsequenz seines Bei-uns-Seins ausweichen wollen und sich uns ganz anvertraut.

Er hat den Auftrag, bei den Seinen zu sein, erfüllt und sich sogar den äußersten, dramatischen Konsequenzen gestellt, die sich daraus ergaben, daß er sich vertrauensvoll, in guter Absicht und mit dem Wunsch, ihnen zu helfen, den Menschen überlassen hat.

Wenn wir das „Quia ipse voluit" so sehen, können wir daraus den Schluß ziehen, daß unsere eigenen Leiden nur sinnvoll sein können, wenn auch wir dahin gelangen, sie mit ihm zu akzeptieren. Und dies ist mitunter leicht in den Beschwerden, die wir als solche erkennen können, wie, z. B., in nicht zu ernstlichen Krankheiten, und die wir geduldig aus Gottes Hand entgegennehmen und für die anderen aufopfern können. Wenn aber die Leiden Teil unser selbst werden, Schwierigkeiten, die sich mit unserem Sein decken, wenn wir uns auf einmal in Situationen sehen, denen man nur äußerst schwer einen Sinn abgewinnen kann, dann wird solches Annehmen immer problematischer, weil wir uns ihnen gegenüber nicht frei und unabhängig fühlen. Wir können also jahrelang mit uns selbst uneins sein, uns in einem Zustand der Verkehrtheit, der, wenn vielleicht auch unbewußten, Unduldsamkeit und der inneren Auflehnung gegen Verhältnisse befinden, denen wir uns nicht beugen können. Es mag sogar vorkommen, daß es uns am schwersten fällt, mit uns selbst einverstanden zu sein.

Jesus lehrt uns, daß unsere Leiden wirklich sinnlos sind, solange wir es nicht fertigbringen, sie bewußt und frei anzunehmen. Sie erhalten Sinn, wenn wir ihnen gleichsam ins Gesicht geschaut haben wie er und sie mit ihm angenommen haben.

Ich glaube, hier liegt einer der Schlüssel zum Verständnis des Warum des Leidens Jesu: „Quia ipse voluit."

c) Der Passionsbericht

Wenn wir nun zur Passion selbst kommen, so wollen wir sie auf eine Weise betrachten, die, wie ich meine, zu ihrem Aufbau bei Markus paßt. In seinem Evangelium ist die ganze Passion eine Aufeinanderfolge kurzer Szenen, die menschliche Situationen, d.h. personale Begegnungen, schildern. Die Passion ist nicht so sehr ein zusammenhängender Bericht über Ereignisse, auch keine Studie über die Kausalzusammenhänge, wenn diese auch nicht fehlt.

Die Berichterstattung des Markus besteht vielmehr aus einer Reihe von Einzelszenen, in denen die verschiedenen Charaktere dieser Welt Jesus unmittelbar gegenübertreten. Jeder von ihnen lebt dabei das Geheimnis seiner Berufung und der Haltung, die er dem Reich gegenüber bezogen hat. Selbst noch in seiner Passion kommt Jesus seiner Sendung nach, auch ganz andersartigen und fremden Menschen und solchen, die es eher abzulehnen scheinen, das Geheimnis des Reiches zu verkünden, und erfüllt so seinen Auftrag, bei uns zu sein, bis zum letzten.

Irgendwie wird hier das Gleichnis vom Sämann Wirklichkeit: Jesus begibt sich als Samenkorn auf verschiedenerlei Äcker, und auf jedem von ihnen trifft ihn ein anderes Los.

Man kann nun die Passion als eine Folge von Begebenheiten und Situationen betrachten, in denen Jesus immer noch heldenhaft der gute Meister ist, der lehrt, wie man sein Leben verliert, um es zu retten, wie man sich selbst verleugnet, wie man sein Kreuz auf sich nimmt, wie man zum Knecht und Sklaven aller wird. Somit wird hier das Programm verwirklicht, das Jesus bei Markus im 9. und 10. Kapitel verkündet hat.

Lassen wir diese Szenen eine nach der andern an uns vorüberziehen und betrachten wir in jeder von ihnen das Geheimnis des Reiches als Samenkorn des Evangeliums, das von Fall zu Fall andere Aufnahme findet. Ich greife vierzehn Szenen heraus, die auch als eine Art Kreuzweg dienen könnten:

1. Jesus und Judas.
2. Jesus und die Wachen.
3. Jesus und der Hohe Rat.
4. Jesus und Petrus.
5. Jesus und Pilatus.
6. Jesus und Barabbas samt der Menschenmenge.
7. Jesus und die Soldaten.
8. Jesus und Simon von Zyrene.
9. Jesus und die Henker.
10. Jesus und die Spötter.
11. Jesus und der Vater.
12. Jesus und der Hauptmann.
13. Jesus und die Frauen beim Kreuz.
14. Jesus und seine Freunde.

Es ist eine ganze Galerie von Menschen, die mit dem Samenkorn des Reiches in Berührung kommen. Jeder reagiert in der Begegnung anders, während Jesus immer unverändert dabei bleibt, mit seinem Heilsangebot zur Verfügung zu stehen.

Man braucht diese Szenen nur nacheinander betrachtend durchzugehen. In ihnen zeigt sich eine gewisse Entwicklung, die Verdemütigungen nehmen ständig zu bis hin zur 10. Szene, Jesus und die Spötter.

Wichtig in diesen Szenen ist auch das Schweigen Jesu. Anfangs spricht er noch ein paar Worte. Er spricht zu Judas, zu den Wachen, zum Hohenpriester und auch noch, in der 4. Szene, zu Pilatus. Dann aber schweigt er. Alle kreisen um Jesus wie in einem dramatischen Turnier, und er beherrscht mit seinem Schweigen die Szene. Beachten wir den Gegensatz zwischen den aufgeregten Menschen, die dies und jenes tun und sagen, und Jesus, der mit seiner schweigenden Gegenwart die Mitte bildet und die chaotische und gespannte Situation ganz und gar beherrscht.

Schon das Dasein, die Anwesenheit Jesu ist Rede und Gericht.

Und schließlich hören wir als letztes Wort Jesu den Aufschrei: „Mein Gott, mein Gott, warum hast du mich verlassen?" (15,34). Er bezeichnet sowohl den Gipfel wie auch den Endpunkt des Kreuzweges, der bis in die äußerste Verlassenheit geführt hat; doch bekundet er zugleich auch ein grenzenloses Vertrauen (vgl. Ps 22,1.20–32).

Dieser Aufschrei Jesu, mit dem er sich in der elften Szene an den Vater wendet, stellt den Kern des ganzen Geschehens dar. Von hier an beginnen allmählich Trost und Frieden zu strömen. So führt denn schon die Leidensgeschichte in ihrer hier dargebotenen Fassung zu dem Gefühl des Trostes und des Friedens, das uns bis zum Grab begleiten wird und die Auferstehungsszene vorbereitet.

Diese Entwicklung läßt sich leicht verfolgen wie auch später das allmähliche Aufkommen einer neuen Atmosphäre, sobald Jesus am Kreuz hängt. Versuchen wir, den Wandel zu erspüren, den der Gekreuzigte für die bewirkt, die ihm nahestehen: die Frauen und seine Freunde.

Das wären ein paar Hinweise zur Erwägung dieser Passionsszenen. Sie müssen oft Gegenstand unserer Betrachtung sein, denn sie sind ein ständiges Gegengift gegen die Atmosphäre der Welt, in der wir leben. Der heilige Paulus erwähnt sie im 6. Kapitel seines Briefes an die Epheser (vgl. Anhang, S. 129ff.).

Wenn wir die Passion aufmerksam betrachten, lösen sich die Knäuel schwer verständlicher Situationen, und wir kommen zu klaren Entscheidungen in zwiespältigen Situationen. Gegenüber diesem Beispiel sinkt alles Unwesentliche dahin, und es bleibt nur, was vor dem Evangelium bestehen kann.

Vielleicht sind wir heute deshalb Zeugen von soviel Ratlosigkeit, weil man die Passion Jesu zu wenig bedenkt und meditiert und sich in sie versenkt. Die Passion hat deshalb in den Evangelien eine so gewichtige Stellung, weil sie uns einen verläßlichen Orientierungspunkt bieten will.

Achte Betrachtung

Die Auferstehung

In dieser letzten Betrachtung versuchen wir, zwei Fragen zu beantworten:

1. Wieso erwähnt Markus in seinem Entwurf für den Weg eines Taufbewerbers die Kindheit Jesu und, mit ihr verbunden, die Gegenwart Marias im Leben des Herrn überhaupt nicht?

2. Warum wird dem Taufbewerber nur so wenig, ganze acht Verse am Schluß des Markusevangeliums, über die Auferstehung gesagt?

a) Die Auferstehung und das verborgene Leben Jesu

Der Taufbewerber ist aufgerufen, sich zu Jesus Christus, dem Sohn Gottes, zu bekehren, ihm – seiner Berufung entsprechend – zu folgen und ihn bis zur Passion hin zu begleiten; das heißt, er soll das Geschick des Reiches teilen, das sich, wie Markus uns zeigt, demütig, schlicht und verborgen wie ein Samenkorn entwickelt, das darauf angelegt ist, aufgenommen zu werden. Infolgedessen wäre die Betrachtung der Kindheit Jesu für ihn doch sehr von Vorteil.

Tatsächlich entdecken wir durch die Betrachtung seiner Kindheit zwei wesentliche Merkmale des Werkes Jesu, eine Gruppe äußerer Merkmale, die direkt sein Werk betreffen, und eine zweite Gruppe, die man als innere Merkmale bezeichnen könnte.

Welches sind die äußeren Merkmale? Unter den vielen Möglichkeiten, die sich ihm zur Selbstoffenbarung vor der Welt bieten – zum Beispiel die eines großartigen kosmischen Ereignisses, wie man es Mk 8,11f von ihm fordert: „Gib uns ein Zeichen vom Himmel!" –, zieht Jesus die unscheinbarsten vor. Er wird arm geboren in einem entlegenen Winkel der Welt, dazu nicht einmal zu Hause. Er zieht es vor, incognito, wie jeder andere auch, im Tempel dargestellt zu werden; er zieht es vor, das bittere Brot der Fremde zu essen, jahrzehntelang auch in den Augen der Seinen ein völlig bedeutungsloses Leben zu führen. Sie können später, wie Markus uns berichtet, auch kein Verständnis für ihn aufbringen, als er in Nazaret vor sie hintritt, und sagen: Aber kennen wir den nicht längst? Sein Leben unter uns war doch völlig unbedeutend (6,2ff).

Äußerlich prägt also Bedeutungslosigkeit sein Leben. Allerdings verzichtet Jesus in diesem äußeren Rahmen einer recht bescheidenen Tätigkeit, eines Lebens, das in der Welt fast ganz ohne Echo blieb und in sozialer, religiöser oder politischer Hinsicht nicht in Erscheinung trat wie das Samenkorn, das im Erdreich zu schlafen scheint, nicht auf ein ganz wesentliches Element seines Reiches. Damit sind wir bei den inneren Merkmalen des Kindheitsevangeliums. In ihm kommen nämlich einige Herzen vor, die in der Lage sind, ihm hundertfältige Frucht zu bringen.

Dieser Gegensatz stellt eines der Hauptgeheimnisse seiner Kindheit dar: trotz äußerster Armut und unscheinbarem Äußeren treten da Menschen in Erscheinung, die ganz und gar für ihn da sind wie das gute Erdreich, das hundertfachen Ertrag bringt.

Beachten wir auch, wie das Samenkorn des Evangeliums jahrzehntelang lautlos Frucht bringt im Herzen Marias, die schon von Anbeginn hundertfältig fruchtbar ist; es bringt Frucht im demütigen Herzen Josefs; es wird ausgesät in die einfachen Seelen der Hirten, Simeons und Annas und anderer Armer Jahwes, die auf den Trost Israels warteten. Dieses Samenkorn – trifft auch auf die Dornen des Herodes, die es ersticken wollen; es sucht Zuflucht auf dem guten Erdreich einiger Menschen außerhalb Israels, so bei den Weisen aus dem Morgenland, die von gutem Willen und aufrichtiger Geradheit beseelt sind.

Die Kindheitsberichte schildern das persönliche Schicksal des Samenkorns, das auf verschiedenerlei Erdreich fällt und dementsprechend Frucht bringt, aber ohne Pauken und Trompeten, ohne alles öffentliche Aufsehen nach Art der Welt, wie man es vom Auftreten des Messias erwartete.

So gesehen, sind die Kindheitsberichte in den

Evangelien sehr wichtig, weil sie für das Christenleben programmatisch sind. Sie halten uns eins der wichtigsten Gesetze des Reiches vor Augen: wenig glanzvollen, äußeren Aufwand und viel Innerlichkeit.

Das Markusevangelium hat keine Kindheitsgeschichte. Deshalb nicht, weil man zur Aufnahme dieser Berichte einen reifen Glaubensgeist mitbringen muß, einen Geist, der, nachdem er einmal das Geheimnis Christi ganz und gar akzeptiert hat, in der Lage ist, sich auch in den kleinsten und einfachsten Belangen des Evangeliums zu üben und die Heilsbedeutung der Wirklichkeiten zu erfassen, die dem äußeren Anschein nach ganz unbedeutend sind.

Das geschieht in der Unterweisung für fortgeschrittene Christen auf einer Stufe tieferer Innerlichkeit. Deshalb haben die Kindheitsevangelien auch nie zur allerfrühesten Verkündigung gehört. Bei der Weiterbildung wurden sie jedoch vorgetragen, da der Taufbewerber sich inzwischen das Paradox der Demut des Geheimnisses Christi zu eigen gemacht hatte und bereit war, sie auch in den so ganz schlichten Zeichen des Lebens in Nazaret, der Geburt in Betlehem und der dreißig Jahre in stiller Verborgenheit anzunehmen.

Markus hat nach dem Beispiel der Urkirche dies alles nicht schon gleich dem Taufbewerber vorgetragen; mußte man zur Aneignung dieser Geheimnisse doch schon weiter fortgeschritten sein. Betrachten wir aber den Weg der Zwölf mit Jesus, wie Markus ihn uns schildert, so stellen wir fest, daß es im Grunde kein anderer Weg ist als der, den sie geführt worden sind. Es ist, mit anderen Worten, derselbe Weg, noch klarer und offener aufgezeigt: dabei geht es darum, die Heilsgesetze des Reiches zu entdecken, die sich im wesentlichen auf drei zurückführen lassen:

1. Auf die bescheidenen Anfänge, das kleine Samenkorn, das für die Apostel in der Schlichtheit der Predigt Jesu zum Erlebnis wurde. Einige haben sie beherzigt, andere haben sie abgelehnt oder kaum verstanden oder nicht gleich angenommen.

2. Auf die Bedeutungslosigkeit in den Augen dessen, der nur Ereignissen Beachtung schenkt, die Aufsehen erregen. Jesus hat in seiner Zeit nie Aufsehen erregt, vielleicht hat sein Tod es für ein paar Tage getan, aber sein Gesamtwerk hat man in der Welt von damals, in der religiösen, politischen und militärischen Welt, die nur den großen Ereignissen Beachtung zollte, kaum gekannt.

3. Auf den Widerspruch, das Ärgernis und die bereits erwähnten Schwierigkeiten.

Diese drei Gesetze bestimmen den Verlauf des Wirkens Jesu, und sie lernen die Apostel kennen, als sie im Zusammensein mit ihm ein Gespür für das bekommen, worin Gottesreich wirklich besteht.

Die Apostel sind kraft dieser Ausbildung aufgerufen – wie übrigens jeder Christ, der das Kindheitsevangelium meditiert –, Jesus zu lieben, wie er ist, sich die Gesetze des Herrn zu eigen zu machen und so zu handeln wie er.

Der Glaubensschüler der Urkirche ist dazu aufgerufen, einen Jesus zu akzeptieren, der anders ist, als er sich ihn gewünscht hätte, einen Jesus, der unter uns anders vorgeht, als man nach allen religiösen oder weltlichen, politischen und rein menschlichen Regeln erwarten sollte. Er muß also anerkennen, daß letztlich Jesus selbst, sein Leben und sein Sterben, das Geheimnis des Reiches ist.

Und hier sehen wir auch, wie das Geheimnis Marias, das bei Markus – er erwähnt nicht einmal Marias Anwesenheit unter dem Kreuz –, fast gar nicht berührt wird, doch als Geheimnis seinen Platz an zentraler Stelle im Gottesreich und unter seinen grundlegenden Gesetzen hat; ist es doch ein Geheimnis der Demut, des Verborgenseins und einer großen inneren Treue, das aber nicht nach außen in Erscheinung tritt.

So habe ich auch einführend (vgl. S. 10) unter Hinweis auf ein Buch von Hans Urs von Balthasar gesagt, daß es in der Kirche neben einem hierarchischen Prinzip – das heißt der sichtbaren und konkreten Gemeinschaft derer mit Jesus, von denen das Wirken der Kirche seinen Ausgang nimmt – ein marianisches Prinzip gibt, ein Prinzip, das zum Ausdruck bringt, welch hoher Rang in der Kirche der verborgenen inneren Treue zukommt.

Wenn Markus uns auch über das Geheimnis Marias nichts sagt – es ist ein Geheimnis, das der Zeit nach dem Empfang der Taufe vorbehalten ist, in der man schon Verständnis für das christliche Leben gewonnen hat –, so zeigt er uns doch sowohl das eine wie das andere Prinzip am Werk: die sichtbare Gegenwart und die verborgene innere Treue, die das Geheimnis der Kirche ausmachen.

b) Die Auferstehung

So bleibt noch die Antwort auf die andere Frage, die unsere Betrachtung auf den letzten Teil des Lebens Jesu lenkt, nämlich auf das Leben des Auferstandenen.

Im 16. Kapitel des Markusevangeliums erhält der Taufbewerber nur eine sehr kurze Unterweisung über die Auferstehung. Warum ist diese so knapp gefaßt? Wenn es auch stimmt, daß der Bericht mit den Versen 9–20 fortgesetzt wird, so wissen wir doch, daß sie aller Wahrscheinlichkeit nach als Schluß nicht der Feder des Autors entstammen, sondern einen kanonischen Schluß des Markusevangeliums darstellen. Unter den Exegeten wird lebhaft erörtert – ohne allerdings zu einem Ergebnis zu kommen –, ob man Mk 16,8 als Schluß des Evangeliums ansehen müsse oder ob ein anderer Schluß verlorengegangen sei, ein Schluß, in dem Markus mehr über die Auferstehung gesagt habe, als auf uns gelangt ist, oder aber ob der kanonische Schluß, obgleich er nicht von Markus stammt, so angefügt worden sei, daß man in ihm einen Bestandteil der Struktur des Evangeliums und nicht nur einen Teil seiner Aussage erblicken müsse.

Die Mehrzahl der Exegeten vertritt jedoch die Ansicht, daß Markus sein Evangelium mit Vers 8 beendet und damit in seiner Unterweisung das Thema Auferstehung nur ganz kurz behandelt hat. Darüber hinaus ist die Unterweisung auch noch unvollständig, weil der auferstandene Jesus nicht auftritt; es heißt nur, er sei auferstanden und man werde ihn sehen.

Was mag der Grund dafür sein, daß Markus hinsichtlich der Auferstehung so vieles offenläßt?

Will man das Markusevangelium, so wie es vorliegt, erklären, so ist vor allem festzustellen, daß bei Gelegenheit der Erstverkündigung während der Taufvorbereitung schon ein beträchtlicher Teil des Unterrichts über die Auferstehung erteilt worden ist. Man kann sogar mit hoher Wahrscheinlichkeit zwischen der Erstverkündigung, nämlich einer ersten, kurzen Christusverkündigung, sodann einer ausführlicheren Katechese, die sehr wohl das Markusevangelium gewesen sein könnte, und schließlich einer weiteren Katechese für die Getauften unterscheiden.

Bei der allerersten Verkündigung gab es bereits eine zentrale Unterweisung über die Auferstehung. Wir finden sie, z.B., in den Ausführungen des Petrus, Apg 2,24–36: Sie ist eine mehr als ausreichende Unterweisung und verfolgt ein doppeltes Ziel:

– ein apologetisches, insofern als die Auferstehung die Rechtfertigung des verurteilten und gestorbenen, aber von Gott wieder auferweckten Christus ist,

– ein heilsgeschichtliches, insofern als die Auferstehung das Ziel ist, auf die der von den Propheten verkündete göttliche Heilsplan hinausläuft.

Man setzte also voraus, daß der Taufbewerber schon eine zweifache, apologetische und heilsgeschichtliche, Unterweisung erhalten hatte. Diese wird dann in der nachfolgenden Katechese ergänzt, wie wir dem meisterhaften Kapitel 24 bei Lukas entnehmen können, das eine ganz ausführliche Katechese über die heilsgeschichtliche Bedeutung der Auferstehung darstellt.

Die ethischen und asketischen Aspekte der Auferstehung werden dagegen, wie es den Anschein hat, der Katechese nach der Taufe als Lehrstoff zugewiesen; sie wiederum finden wir besonders in bestimmten Paulusbriefen, so wahrscheinlich in Kol 3,1 ff, wo es um das Leben aus dem Ostergeheimnis geht, das man normalerweise nach der Taufe zum Gegenstand der Katechese machte.

Schließlich ist die Auferstehung noch Gegenstand einer vierten Art von Unterweisung, nämlich der mystischen oder gnostischen Katechese: in ihr werden die Auferstehung und die Herrlichkeit des Auferstandenen als schon im Leben Jesu und des Gläubigen verwirklicht dargestellt. Eine sehr ausführliche Katechese dieser sogenannten gnostischen Richtung liegt bei Johannes vor. Es schildert uns, wie Jesus, der noch im Fleische lebt, sogar noch in seinem Tod die Herrlichkeit des Vaters offenbart. Solch eine Katechese ist notwendig und wichtig, verlangt jedoch geistliche Reife.

Was wird dagegen dem Taufbewerber in der Unterweisung bei Markus vorgetragen? Trotz des knappen Textes werden dem Taufbewerber doch schon einige wichtige Dinge gesagt.

Als *erste* Botschaft, und das sogar mit den Worten des Engels: „Erschreckt nicht!" (16,6). Eine solche Anrede greift in dieser besonderen Situation noch einmal alle Rügen Jesu auf und führt sie zu einem guten Ende. Jetzt ist es wirklich Zeit, alle Furcht aufzugeben!

Dann als *zweite* Botschaft: „Ihr sucht Jesus, den Gekreuzigten. Er ist auferstanden; er ist nicht hier"; d.h., ihr dürft euch Jesus nicht immer als den Gekreuzigten vorstellen; das ist nicht sein Endzustand. Das war nur ein Durchgangsstadium; sein neuer Zustand ist Leben, und er lebt unter euch in einer neuen Gegenwartsart.

Schließlich als *dritte* Botschaft: „Er geht euch voraus nach Galiläa" (16,7). Auch diese Botschaft hat einen tiefen Sinn. Die Exegeten sind sich über die Bedeutung von „Galiläa" nicht ganz einig. Es hat mehrere Bedeutungen.

Im Markusevangelium, das sich zum größtenTeil in Galiläa zuträgt, ist es eben der Ort, an dem Jesus sich den Jüngern schon beim ersten Mal gezeigt hat. Hier wird er sich ihnen auch in den Erscheinungen zeigen, von denen die Katechese dann berichten wird. Es ist also der Ort, an dem sie die lebendige Gegenwart des Herrn, wie er leibt und lebt, mit seiner Güte und Hilfsbereitschaft wiederfinden werden, ganz wie sie ihn gekannt haben. Es ist der Ort, an dem der Herr sich ihnen sichtbar zeigen wird und wo Jesus an den Wiederaufbau der Gemeinschaft gehen wird, den Wiederaufbau, von dem in der Passion (Mk 14,27f) schon die Rede war: Jesus zieht als guter Hirt vor seiner Herde her, leitet sie und sammelt sie allmählich wieder.

Galiläa ist somit der Ort, an dem die Gemeinschaft der Zwölf wiedergegründet wird. Wahrscheinlich wollen die Worte des Engels auch an das 13. Kapitel erinnern, das Kapitel der endzeitlichen Hoffnung und der endzeitlichen Erscheinung des Herrn. Es zeigt, wie sich im Evangelium die Hoffnung nicht auf der Linie einer weltlichen Fortschritts-Utopie bewegt, sondern auf der dem Evangelium eigenen Linie der Bedrängnis, die auch die Linie des Menschensohnes gewesen ist. In den Mittelpunkt der Aufmerksamkeit des Taufbewerbers wird also diese Hoffnung auf die Wiederkunft Jesu gerückt, der allerdings Bedrängnisse und Prüfungen vorausgehen müssen.

Hier haben wir also eine ganze Reihe von Ansätzen, die später in der Katechese ausführlich behandelt werden müßten, damit der Taufbewerber lernte, in die Zukunft zu schauen und sich Gedanken darüber zu machen, wie seine Hoffnung aussehen müsse.

c) Die Katechese für die heutige Kirche

Allerdings ist auch klar, daß Markus nicht nur in den acht zitierten Versen von der Auferstehung spricht. Wenn wir genau hinsehen, muß man sein Evangelium, und zwar von Anfang an, im Licht der Gegenwart des lebendigen Jesus lesen, beginnt er doch mit den Worten, die sich nicht in allen Handschriften befinden, aber aller Wahrscheinlichkeit nach ursprünglich sind: „... Evangelium von Jesus Christus, dem Sohn Gottes" (1, 1). Das ganze Wirken Jesu wird im Licht der Gegenwart des Gottessohnes unter uns dargestellt, des Gottessohnes, den der Tod nicht verschlingen kann, des Sohnes, an dem Gott Gefallen gefunden hat, der also lebt.

So beruht denn die Taufvorbereitung keineswegs auf einem Jesus, der vergangen und erledigt ist, sondern auf einem Jesus, der lebt. Die Betrachtung der Berufungen durch Jesus, der Zwölf bei ihm und ihrer gegenseitigen Lebensgemeinschaft ist daher nur insofern von Wert, als der Taufbewerber weiß, daß dieses Erleben von Dauer ist, weil Jesus der Sohn Gottes ist, der nicht im Tod geblieben ist, sondern lebt. Die Worte, die er liest, sind heute von Bedeutung und sind an ihn persönlich gerichtet.

Das ganze Markusevangelium stellt eine Meditation dar, die auf der Annahme, der Voraussetzung oder, besser, der Glaubensüberzeugung beruht, daß Jesus lebt und heute zu den Seinen spricht und sie beruft, wie er sie am See oder auf dem Berg berufen hat, und immer noch in der Kirche seine wahre Identität erklärt.

Vielleicht könnte man hierin auch die eigentliche Bedeutung des historischen Präsens bei Markus sehen. Wir wissen ja, daß er sich gern des Präsens bedient: Jesus geht, geht vorüber, Jesus ruft, Jesus spricht. Es wäre – nicht unter dem Gesichtspunkt des streng exegetischen Beweises, aber unter dem des Glaubens – möglich, daß man diese Ausdrucksweise gewählt hätte, um Jesus als den hinzustellen, der heute lebt, ruft, verkündet, fordert, einlädt und rügt. Jesus wird als derjenige dargestellt, der in der Kirche lebt und daher Ursprung einer Berufung sein kann, jemand, dem man wirklich nachfolgen, den man akzeptieren, anerkennen und lieben kann.

So erweist sich die Katechese des Markus keineswegs als eine Katechese der Vergangenheit, vielmehr stellt sie uns vor die Forderungen des jetzt in der Kirche lebenden Jesus.

d) Die Einladung, Jesus in der Kirche leben zu sehen

Wie läßt sich die bei Markus zum Ausdruck gebrachte Auferstehungswirklichkeit auf der Erfahrungsebene der Kirche noch heute nachvollziehen? Dazu möchte ich vor allem auf zwei Konsequenzen hinweisen:

Die erste ist in dem Wort zum Ausdruck gebracht, das Jesus so oft wiederholt hat: „Macht eure Augen auf!" Der Herr ist doch auferstanden, der Herr lebt; aber wo? Er lebt bei Gott und lebt mitten unter euch. So ergeht die Aufforderung an uns, einen Blick für die lebendige Gegenwart Jesu in unserer Erfahrung zu haben.

Jesus ist in unserer Erfahrung immer zugegen,

wenn sie sich mit der Erfahrung deckt, die das Evangelium beschreibt. Jesus lebt in den Zwölf und in denen, die ihre Verkündigung weitergeben; er lebt in allen, die sich den Zwölf angeschlossen haben, um mit Jesus einen Leib zu bilden. Er lebt somit überall im Leben der Kirche, in all ihrer Heiligkeit und in ihren Sakramenten. Er lebt sogar in unserer Berufung, die eine Antwort auf Jesu Ruf und in den Augen der Welt ein Wunder ist, etwas, das man rein menschlich nicht erklären kann. Denn immer, wenn ein Mensch sich darauf einläßt, ein Leben aus dem Glauben zu führen, geschieht etwas Unbegreifliches und Geheimnisvolles. Jeder lebendige Christ ist eine außerordentliche, menschlich unerklärliche Offenbarung der Auferstehung des Herrn.

So lädt uns dieses Evangelium ein, unsere Augen aufzumachen, damit wir den Herrn in unserer Erfahrung erkennen.

Die andere Konsequenz besteht darin, Jesus nicht nur als den zu sehen, der lebt, sondern als den, der kommt.

Er kommt jedesmal, wenn wir wiederholen, was er getan und gesagt hat, jedesmal, wenn wir das Brot brechen, jedesmal, wenn wir tun, was er uns aufgetragen hat, und das Leben führen, in dem er uns unterwiesen hat.

Das ist also eine Einladung, Jesus in der Kirche leben zu sehen, insofern in ihr Demut, Dunkelheit und Dinge zum Ausdruck kommen, die vielleicht nach außen hin nicht sehr deutlich und verständlich in Erscheinung treten, die aber, wenn man sie mit dem rechten Herzen von innen her sieht, die lebendige Gegenwart der Auferstehung des Herrn bekunden.

Schluß

Der wichtigste Vorsatz, den wir am Ende dieser Einübung geistlichen Lebens fassen können, ist der, dankbar unser Leben in der Kirche so zu leben, wie es ist; das heißt, den Schatz in unserem Acker zu heben und Gott über alles zu danken, daß er uns mit ihm ein verborgenes Leben führen läßt, das nicht frei ist von Widersprüchen, Schwierigkeiten und Dunkelheiten, das aber gerade darin die lebendige Gegenwart des Samenkorns aus dem Evangelium bekundet.

Im Grunde besteht der wichtigste Vorsatz, den wir immer wieder fassen müssen, darin, Gottes Werk in unserem Leben zu rühmen, wie es konkret ist mit all seinen Zweideutigkeiten, Unsicherheiten und Schwächen; denn in diesen Schwächen, Unsicherheiten und Zweideutigkeiten zeigt sich die Macht des Auferstandenen.

Unser alltägliches Leben enthält nämlich schon in seiner scheinbaren Bedeutungslosigkeit – da jedes Leben, aus der Nähe und in seinen Einzelheiten betrachtet, einem sehr einfach, arm und dem Geheimnis Gottes unangemessen erscheint – und gerade darin die Zeichen der Auferstehung des Herrn. Es kann zur herrlichen Offenbarung dessen werden, was der Sohn Gottes in der Demut vermag: wie das Samenkorn, das in die Erde gelegt und in ihr verborgen wird, durch Gottes Macht und das Vertrauen, das man auf sein Wort setzt, zum Leben ersteht.

So führt uns das Markusevangelium wieder dazu, vom Leben Jesu auf Erden her im Glauben alle Schätze unserer gegenwärtigen Situation anzunehmen und Frucht bringen zu lassen.

Anhang

Der geistliche Kampf

Paulus stellt im Epheserbrief 6,10–17 den Christen als einen Menschen dar, der bis zuletzt gegen den Feind gekämpft und ihn mit der Hingabe des eigenen Lebens besiegt hat. Es ist eine sehr dichte und an Bildern reiche Textstelle, so daß man genau zusehen muß, was Paulus mit all dem sagen wollte.

Die besagte Perikope läßt sich in drei Abschnitten unterteilen: im ersten Teil stehen zwei Ermahnungen, im zweiten Teil folgt ihre Begründung und im dritten schließlich die detaillierte Beschreibung der geistlichen Rüstung, die wir anlegen sollen.

1. Die beiden Aufforderungen

Paulus ermahnt: Werdet stark im Geist, und legt die Rüstung Gottes an. Es geht also um einen Rat für jemand, der sich in einer schwierigen Lage befindet.

Die Ermahnung, Waffen anzulegen, sich zu rüsten, findet sich auch in Röm 13,12 und in 2 Kor 10,4. Bei der Aufforderung an die Epheser handelt edoch um eine Stelle, an der das Bild der der vollständigen Waffenrüstung des Die- s, dessen, der Jesus auf dem Fuße folgt, ausführlichsten entwickelt wird.

2. *Die Begründung*

Warum müssen wir uns wappnen? Weil unser Kampf ein geistliches Ringen ist, gegen die Fürsten, Gewalten und bösen Geister. Diese Ausdrücke lassen sich leicht in eine verständliche Wirklichkeit umsetzen, insofern wir sie täglich erleben. Das heißt, daß wir in einer Atmosphäre leben – dem Raum zwischen Himmel und Erde – in die Elemente des Bösen eingedrungen sind, Gegner des Evangeliums und Feinde Gottes. Unsere Atmosphäre, in der wir leben, ist voller Kräfte, die sich gegen Christus richten. Daher ist es auch schwierig, unseren Kampf anzusagen. Diese Mentalität, diese Atmosphäre, die einerseits Produkt der Macht des Bösen und andererseits Produkt des Menschen ist, der von dieser Macht des Bösen unterjocht wird, schafft Verhältnisse, denen wir nicht entrinnen können und die uns von allen Seiten bedrohen. Daher auch die Notwendigkeit, die Waffenrüstung Gottes anzulegen. Diese Rüstung wird in sechs Bildern beschrieben: Gürtel, Panzer, Schuhe, Schild, Helm und Schwert.

3. Die Bedeutung

Was bedeuten diese Bilder im einzelnen? Ihnen geht eine Aufforderung voraus, die uns die Lage erkennen läßt, in der wir uns befinden: „Seid standhaft"; d.h., steht fest auf den Beinen. Es geht also um jemand, der kampfbereit ist; und auf dem Hintergrund dieser Kampfbereitschaft wird die Rüstung beschrieben.

Das erste Bild zeigt den *Gürtel der Wahrheit.* Welche Wahrheit dient uns als Waffe? Zum besseren Verständnis sei darauf hingewiesen, daß dieses Bild wie auch die andern Bilder zum großen Teil aus dem Alten Testament stammen. Der Verfasser dieser Perikope kennt ganze Passagen des Alten Testaments auswendig und setzt ihre Kenntnis auch bei seinen Lesern voraus.

Dieser Beschreibung liegen besonders zwei Abschnitte des Alten Testamentes zugrunde:

Der erste Abschnitt ist Jes 11 entnommen und bezieht sich auf den Trieb aus dem Baumstumpf Isais, dessen Gewand, Auftreten und Kampfesweise beschrieben werden;

der zweite Abschnitt ist Jes 59 entlehnt; dort wird an einer Stelle die Waffenrüstung Gottes beschrieben. Im Alten Testament ist es also Gottes eigene Waffenrüstung, oder die seines Gesandten und Erwählten, die beschrieben wird.

Bei der besagten Stelle des Epheserbriefes wird die Waffenrüstung Gottes auf den Diener Gottes übertragen, auf den, der Jesus nachfolgt. Bei Jes 11,5 heißt es: „Treue ist der Gürtel um seinen Leib"; die Septuaginta bedient sich hier des Wortes alétheia – Wahrheit, und der griechische Text unserer Stelle übernimmt es wörtlich. Die Wahrheit, mit der sich der Kämpfer wie mit einer festen Hülle umgibt, ist also die Verläßlichkeit, die Treue, die volle Verläßlichkeit ist, eine Lebens- und Handlungsweise, die sich treu bleibt.

Um gegen die Atmosphäre des Bösen ankämpfen zu können, die verseuchte Atmosphäre, in der wir leben, muß man sich rüsten mit einer tiefen Übereinstimmung zwischen dem, was wir verkünden, und dem, was wir im Herzen empfinden und miteinander leben müssen. Und diese Verläßlichkeit ist um so wichtiger, als wir das Wort Gottes verkünden. Wer das nicht lebt, was er predigt, bringt sich mehr und mehr in eine Lage, in der er den Angriffen des Feindes ausgesetzt ist. Wenn wir unsere Verkündigung dauernd an dem mäßen, was wir im Herzen denken und was unsere Überzeugung ist, fiele sie uns leichter und käme bei allen besser an.

Diese gründliche Gegenüberstellung zwischen innerer und äußerer Verläßlichkeit öffnet uns zwar manchmal die Augen dafür, daß wir weit von dem entfernt sind, was wir predigen, aber die Demut dieser Erkenntnis ist schon ein Teilsaspekt der Verläßlichkeit und beweist, daß wir uns nach ihr sehnen.

Das nächste Bild zeigt den *Panzer der Gerechtigkeit.* Bei Jes 59,17 wird die Waffenrüstung Gottes beschrieben. Gott hat die Gerechtigkeit wie einen Panzer angelegt.

Die Gerechtigkeit erscheint hier als Tun Gottes, das die Armen rettet und die Sünder demütigt, Gottes, der seine Werke in leidenschaftlichem Eifer verrichtet, der Heil und Strafe ist. Auf uns übertragen, müßten wir dies als Teilnahme am Eifer Christi für *die Gerechtigkeit des Vaters* verstehen. Dieser Panzer, der uns ganz umgibt und der uns schützt, besteht darin, daß wir die Haltung annehmen, die Christus auf den Straßen Palästinas rufen läßt: „Gebt Gott, was Gottes ist", d.h., die ihn die Gerechtigkeit des Vaters verkünden läßt und als Gerechtigkeit das Heil für den, der umkehrt, und die Strafe für den, der verstockt ist. Die Teilnahme an diesem Eifer für die Gerechtigkeit des Vaters, der Christus ganz durchdringt, ist dieser Panzer, der uns einhüllt und vor den Feinden schützt.

Das dritte Bild: Zieht als Schuhe die Bereitschaft, für das Evangelium vom Frieden zu kämpfen, an. Hier wird eher eine Situation geschildert. Wir sollen bereit sein, zur Verkündigung des Evangeliums vom Frieden aufzubrechen. Was das Bild ausdrükken will, ist die Bereitschaft, Bote des Evangeliums zu sein.

Bei Jes 52,7 lesen wir: „Wie willkommen sind ... die Schritte des Freudenboten, der Frieden ankündigt, der eine frohe Botschaft bringt und Rettung verheißt ..." Hier wird unmittelbar auf die Begeisterung und das Verlangen verwiesen, das Evangelium zu verkünden, von dem man weiß, daß es eine gute Gabe für die Menschen ist und ihnen den Frieden bringt. Daher auch die Freude dessen, der den Schatz gefunden (und der Frau, die ihre Drachme wiedergefunden hat und voll Freude ihre Nachbarinnen ruft: Lk 15,8 ff).

Diese Begeisterung ist für die Verkündigung des Evangeliums wesentlich, vor allem heute, da der „Pluralismus", wenn er zum philosophischen, kulturellen und religiösen Pluralismus wird, irgendwie die Begeisterung für die Verkündigung des Evangeliums zu dämpfen scheint.

Es gibt sogar Leute, die den Sendungsauftrag bei Matthäus, „Geht zu allen Völkern, und macht alle Menschen zu meinen Jüngern", durch die Aufforderung: „Geht, und lernt bei allen Völkern", ersetzen und korrigieren möchten, weil es überall Wertvolles gibt; und es heißt, es komme nicht so sehr darauf an, die Botschaft zu verkünden, als demütig auf das zu hören, was die andern uns zu sagen haben. Und so riskiert man, die Unruhe zu verlieren, die uns zur Verkündigung des Evangeliums vom Frieden antreibt.

Es gibt eine Lösung für diese Schwierigkeit, die jedoch gewiß nicht in der Abschaffung des Pluralismus besteht. Ich glaube sogar, daß mit der Zunahme des Dialogs auch das Leben nach dem Evangelium an Tiefe gewinnen muß. Wenn beides zusammen wächst, ist es möglich und leicht, große

Achtung gegenüber allen Kulturen, Rassen und Werten mit einem ebenso großen Eifer für die Verkündigung des Evangeliums zu verbinden, das ja kein Angebot wie alle andern und mit keinem anderen Wert vergleichbar ist, aber alle zum Leuchten bringen und verwandeln kann.

Dieses Rüstzeug, diese Bereitschaft ist also überaus wichtig zur Abwehr der Atmosphäre, die ihrerseits eher dazu angetan ist, alle Werte einzuebnen. Den Eifer für das Evangelium mit der Hochachtung vor den Werten anderer zu verbinden, ist das wunderbare Werk, zu dem die Kirche von heute berufen ist, wenn sie ihren missionarischen Elan bewahren will.

Das vierte Bild: Vor allem greift zum *Schild des Glaubens!* Die feurigen Geschosse des Bösen – der Ausdruck stammt aus Psalm 11 – sind die Anschauungen der Welt der Sünde, die uns ständig umgibt und uns nahelegt, die Gegebenheiten unseres Lebens ausschließlich nach psychologischen, soziologischen und ökonomischen Gesichtspunkten zu beurteilen, und uns von allen Seiten anfällt, um uns den Schatz des Glaubens zu entreißen. Der Schild, mit dem man dieser Mentalität entgegentreten kann, ist der Schild des Glaubens, die ständig von uns geforderte Betrachtung der menschlichen Wirklichkeit mit den Augen des Evangeliums.

Das fünfte Bild ist der *Helm des Heils* oder sogar, wie es im Griechischen heißt, der Helm des Heilswerkes. Der Ausdruck stammt aus Jes 59,17 und bringt bei Jesaja zum Ausdruck, daß Gott sich zur Hilfe anschickt. Im Griechischen steht ein Verb – déxasthe –, das besagt, den Helm des Heiles annehmen; nehmt also das Heilswirken Gottes in euch als eure einzige Schutzwehr und eure einzige Hoffnung an; sie ist euer Kopfschutz, weil sie das Allerwichtigste ist.

Das sechste Bild zeigt *das Schwert des Geistes,* das ist das Wort Gottes. Was das Schwert des Geistes ist, verdeutlichen drei Stellen aus dem Alten und Neuen Testament: bei Jes 49,2, wo vom „Mund als Schwert" die Rede ist, im Hebräerbrief 4,12, wo der Ausdruck vom „Wort als Schwert" gebraucht wird, und schließlich bei Jes 11,4, wo es heißt, daß „er den Schuldigen mit dem Hauch seines Mundes tötet".

Gottes Wort ist hier nicht der Logos, d.h. die Verkündigung, sondern das rhéma, d.h. das, was Gott sagt. Daher würde ich beim „Schwert des Geistes" nicht so sehr an die Predigt Jesu denken, sondern an seinen Kampf mit dem Satan, in dem er sich mit den Worten Gottes zur Wehr setzt: „Es steht geschrieben ...", das heißt, für ihn waren Gottes Worte eine Schutzwehr, und sie sind es auch für uns.

Wenn uns die Mentalität der Welt zu schaffen macht, die uns alles unter rein menschlichen Gesichtspunkten sehen lassen möchte, müssen wir zu den großen Aussprüchen Gottes in der Bibel greifen, um ein klares Wort zu diesen Dingen zu haben und die Fehlinterpretationen der Weltgeschichte und unseres Daseins zurückzuweisen. Dazu also ruft uns Paulus auf.

Schließlich ist zu fragen: Wie sind die Verhältnisse, die diese Worte voraussetzen, und wozu wollen sie uns anhalten?

Sie setzen vor allem voraus, daß wir uns in einer Situation befinden, in der wirklich etwas auf dem Spiele steht, daß es in der heutigen Welt riskant und gefährlich ist, ganz konsequent das Evangelium zu leben. Wir brauchen dieses Gespür für die Schwierigkeit, denn es ist realistisch. Wenn wir uns widrigen Tatbeständen gegenüber sehen und es nicht wagen, ihnen ins Gesicht zu schauen, wenn wir in dem Gedanken leben, daß uns dauernd Schwierigkeiten und Risiken umlauern, kann es geschehen, daß wir in ständiger und fruchtloser Angst leben. Wenn wir aber den Dingen – gestützt auf die Heilige Schrift – auf den Grund gegangen sind, den Gegner erkannt haben und die Wege sehen, auf denen die Welt ins Böse gestürzt wird, und wissen, woran man sie erkennt, dann können wir uns auch angesichts des ganzen Geheimnisses des Bösen bei all seiner Ausbreitung im Vollbesitz der Kraft Gottes fühlen.

Eine gründliche Analyse und Synthese des Geheimnisses der Bosheit, die wir mit Hilfe der Heiligen Schrift durchführen, kann uns vor eine Situation stellen, die riskant, besorgniserregend und gefährlich ist, die uns aber keine Angst macht, da wir deutlich die riesigen Dimensionen unseres Gegners und die ganze Macht Gottes sehen.

Weiterhin handelt es sich um einen unerbittlichen Kampf auf Leben und Tod gegen einen gerissenen und furchtbaren Gegner, der außerhalb unser selbst, aber auch in uns ist. Das vergißt man heute allzuoft und lebt in einer Atmosphäre, in der ein deterministischer Optimismus herrscht, für den sich alles vom Guten zum Besseren entwickeln muß. Dabei denkt man nicht an die Dramatik und die Brüche der Menschheitsgeschichte, weiß auch nicht mehr, daß die Geschichte ihre tragischen Rückschläge und ihre Risiken enthält, die besonders demjenigen drohen, der sich ihrer nicht versieht und sich in den Vorstellungen eines historischen Evolutionismus wiegt, für den es nur den Fortschritt gibt.

Schließlich kann nur Widerstand leisten, wer sich von Kopf bis Fuß bewaffnet. Hier möchte ich an eine der Regeln des heiligen Ignatius erinnern, für den es ganz klar war, daß der Feind bei seinem Angriff die Situation des Christen genau abschätzt. Man muß ihn gut kennen, denn der Feind macht die Runde, um auszuspähen, ob vielleicht doch noch etwas an der Rüstung fehlt. Es ist also ein Kampf, der uns ganz in Anspruch nehmen und uns durch die totale Heiligung umgestalten muß.

Ein letztes Wort zu einem Punkt, der in dieser Perikope fehlt: Es ist nicht vom Gebet die Rede. Das Gebet wird wohl erwähnt, aber nicht hier. Am Schluß der Perikope wird an es erinnert, und zwar in einer sehr dringenden Ermahnung: „Hört nicht auf, zu beten und zu flehen! Betet jederzeit im Geist ..." (Eph 6,18).

Alle diese Waffen muß der Christ also ständig in der Übung des Gebetes pflegen. Es ersetzt sie nicht. Das Gebet ersetzt nicht den Eifer, den Glaubensgeist, die Pflichttreue, die Hingabefähigkeit – aber es schließt sie alle ein und stählt sie ständig wieder neu zum Kampf.

Hinweis

Ebenso wie die beiden bekannten Werke des Mailänder Erzbischofs, Kardinal Carlo M. Martini, „Dein Stab hat mich geführt" und „Damit ihr Frieden habt" geht auch dieser Band mit geistlichen Betrachtungen zum Markusevangelium auf einen Exerzitienkurs zurück. Daraus erklären sich der Aufbau und die Verknüpfung mit den „Geistlichen Übungen" des heiligen Ignatius von Loyola. Die Meditationen wurden ursprünglich vor einer Gruppe von Bischöfen gehalten und aufgrund vielfacher Nachfrage zunächst nach einer Tonbandaufzeichnung als Manuskriptdruck vom „Centrum Ignatianum Spiritualitatis", Rom, vorgelegt. Die italienische Buchausgabe erschien unter dem Titel „L'itinerario spirituale dei Dodici nel Vangelo di Marco" (Rom 1981). Nach dieser Vorlage erfolgte die deutsche Übersetzung, die die Unmittelbarkeit des gesprochenen Wortes so weit wie möglich zu erhalten suchte. – Bei der Zitierung aus dem ignatianischen Exerzitienbuch wurde zugrunde gelegt: Ignatius von Loyola, Geistliche Übungen. Übertragungen und Erklärung von Adolf Haas. Mit einem Vorwort von Karl Rahner (Freiburg i. Br. [5]1981).

Vom gleichen Autor im Verlag Herder erschienen:

Dein Stab hat mich geführt

Geistliche Weisung von Mose zu Jesus

„Carlo Martini, Erzbischof von Mailand, gehört zu den begnadeten Exerzitienmeistern der Kirche in der Gegenwart. Seine Meditationen über Mose und Jesus sind von einer überzeugenden Einprägsamkeit. Vor allem, weil er aus dem reichen Fundus der Heiligen Schrift und der Kirchenväter bis hin zu Ignatius von Loyola schöpfen kann. Aus geistlichen Übungen für Ordensleute im August 1978 entstanden, bietet das Betrachtungsbuch geistliche Nahrung zur Überwindung des Pessimismus in der Kirche und unter den Christen" (Deutsche Tagespost, Würzburg).
„Das Buch spricht den einzelnen Leser an, fordert ihn auf zum Nachdenken über seine eigene Stellung zu Gott, zu den Mitmenschen und zu seinen persönlichen Aufgaben. Es enthält auch einige praktische Kapitel etwa über das Gebet, insbesondere das Rosenkranzgebet, über Möglichkeiten einer zeitgemäßen Buß- und Beichtpraxis und über das Apostolat. Als Anregung zum Gebet und zur Besinnung kann das Buch eine große Hilfe sein" (Die Furche, Wien).

2. Auflage. 240 Seiten, gebunden. ISBN 3-451-19083-4

Carlo M. Martini

Damit ihr Frieden habt

Geistliches Leben nach dem Johannesevangelium

„Das vorliegende Buch gehört nicht eigentlich zur fachexegetischen Literatur. Hier geschieht die Rück-Übersetzung zu dem hin, was die Frohbotschaft nach Johannes im Grunde will: geistliches, vom Geist beseeltes Leben. Das Buch hat zwei Hauptteile: 1. Biblische Meditationen nach dem Johannesevangelium, 2. Biblische Ansprachen nach dem Johannesevangelium. Es handelt sich nicht um einen geistlichen Kommentar, der durchgehend dem Text des Johannesevangeliums folgt. Die Meditationen wenden sich denn auch nur in wenigen Ausnahmen Textabschnitten zu. Durchweg stehen bestimmte Begriffe in der Mitte der Darlegungen, Begriffe, die für das Johannesevangelium als Schlüsselbegriffe gelten können: das Wort, die Herrlichkeit, die Stunde, Finsternis, Lüge, Tod, Sünde der Welt und andere mehr. Indem diese Begriffe neu und eindringlich aufgeschlossen werden, öffnen sich Türen zum tieferen Verständnis des gesamten Evangeliums nach Johannes. Ein geistig hochwertiges Buch von großem Wert" (Dienender Glaube).

240 Seiten, gebunden. ISBN 3-451-19550-X